JN123197

TEST OF PRACTICAL JAPANESE

J.TEST

実用日本語検定問題集
〔F-Gレベル〕

2022

日本語検定協会 編

語文研究社

はじめに

　この『J. TEST 実用日本語検定 問題集[F–G レベル]2022 年』には、2022 年の F–G レベル試験 6 回分を収めました。

　「J. TEST 実用日本語検定」の練習にご利用ください。

　「J. TEST 実用日本語検定」の概要は、巻末資料をご覧ください。また、最新の情報は下記 URL をご覧ください。

J. TEST 事務局本部　http://j-test.jp/

日本語検定協会／J. TEST 事務局

★　聴解問題の音声は、目次にあるＱＲコードから聴くことが

　できます。

目 次

はじめに

試験問題

正解とスクリプト

巻末資料

実用日本語検定

TEST OF PRACTICAL JAPANESE

J.TEST

受験番号		なまえ	

注　意

1　試験が始まるまで、この問題用紙を開けないでください。

2　この問題用紙は、２３ページあります。

日本語検定協会／Ｊ.ＴＥＳＴ事務局

J.TEST

実用日本語検定

読解試験
（どっかいしけん）

1 文法・語彙問題

A 次の文の（　　　）に1・2・3・4の中からいちばんいいものを入れてください。

（1）　A：「（　　　）は、あなたのかばんですか」
　　　　B：「いいえ、先生のかばんです」
　　　　1　ここ　　　　　　2　それ　　　　　　3　あの　　　　　4　あそこ

（2）　A：「バターは、（　　　）ですか」
　　　　B：「150円です」
　　　　1　どちら　　　　　2　なぜ　　　　　　3　いくら　　　　　4　どなた

（3）　すみません！　だれ（　　　）来てください！
　　　　1　が　　　　　　　2　に　　　　　　　3　と　　　　　　　4　か

（4）　つぎの駅ででんしゃ（　　　）おります。
　　　　1　と　　　　　　　2　を　　　　　　　3　が　　　　　　　4　で

（5）　ノート（　　　）名前を書きました。
　　　　1　に　　　　　　　2　で　　　　　　　3　を　　　　　　　4　が

（6）　えいがかんでは、（　　　）しましょう。
　　　　1　しずかじゃ　　　2　しずかで　　　　3　しずか　　　　　4　しずかに

（7）　きょうは、たまごがやすいですが、きのうは、（　　　）です。
　　　　1　やすく　　　　　　　　　　　　　　　2　やすくない
　　　　3　やすくなかった　　　　　　　　　　　4　やすかった

（8）　あさごはんは、パンとぎゅうにゅう（　　　）です。
　　　　1　だけ　　　　　　2　にも　　　　　　3　しか　　　　　　4　へは

（9）　コーヒーを（　　　）ながら話しましょう。
　　　　1　飲む　　　　　　2　飲んだ　　　　　3　飲み　　　　　　4　飲まない

（10）　としょかんへ本を（　　　）に行きました。
　　　　1　かえした　　　　2　かえす　　　　　3　かえして　　　　4　かえし

B　次の文の（　　　　）に１・２・３・４の中からいちばんいいものを入れてください。

(11)　きょうは、むいかです。あしたは、（　　　）です。
　　　　1　ここのか　　　　2　いつか　　　　3　はつか　　　　4　なのか

(12)　ペンが4（　　　）あります。
　　　　1　だい　　　　　　2　にん　　　　　3　ほん　　　　　4　さつ

(13)　（　　　）を食べます。
　　　　1　ちず　　　　　　2　くだもの　　　3　まど　　　　　4　もん

(14)　いすに（　　　）ください。
　　　　1　ないて　　　　　2　きって　　　　3　しまって　　　4　すわって

(15)　このかみは、うすくて、（　　　）です。
　　　　1　ひま　　　　　　2　じょうぶ　　　3　ハンサム　　　4　にぎやか

(16)　（　　　）人がおおぜいいます。
　　　　1　わかい　　　　　2　とおい　　　　3　ひろい　　　　4　からい

(17)　このコートは、（　　　）がありません。
　　　　1　シャツ　　　　　2　テレビ　　　　3　ボタン　　　　4　ニュース

(18)　（　　　）でアメリカへ行きます。
　　　　1　ひこうき　　　　2　かびん　　　　3　せっけん　　　4　みかん

(19)　ひとり1こ（　　　）とってください。
　　　　1　たち　　　　　　2　ずつ　　　　　3　ごろ　　　　　4　など

(20)　めがねを（　　　）、しんぶんを読みます。
　　　　1　かかって　　　　2　ねて　　　　　3　ぬいで　　　　4　かけて

C　次の文の＿＿＿とだいたい同じ意味のものを１・２・３・４の中から選んでください。

(21)　高橋さんのおかあさんのおねえさんは、かんごしです。
　　　1　おばあさん　　　　　　　　　2　おじさん
　　　3　おじいさん　　　　　　　　　4　おばさん

(22)　あしたは、いえにいます。
　　　1　さんぽします　　　　　　　　2　でかけません
　　　3　りょこうします　　　　　　　4　わすれません

(23)　このもんだいは、かんたんです。
　　　1　やさしい　　　　　　　　　　2　おもしろい
　　　3　むずかしい　　　　　　　　　4　つまらない

(24)　カレンさんは、おてあらいにいます。
　　　1　プール　　　　　　　　　　　2　アパート
　　　3　トイレ　　　　　　　　　　　4　ベッド

(25)　ひるの 12時までに来てください。
　　　1　ごぜんちゅうに　　　　　　　2　ひるすぎに
　　　3　ごご　　　　　　　　　　　　4　ひるちょうどに

2 読解問題

問題　1

次の話を読んで、問題に答えてください。
答えは1・2・3・4の中からいちばんいいものを1つ選んでください。

　わたしのいえは、みどり駅のちかくにあります。みどり駅の前には、たくさんみせがあります。レストランもきっさてんもあって、べんりです。わたしは、よく、イタリアりょうりのレストランへ行きます。そのレストランのなまえは「ナポリ」です。「ナポリ」のりょうりは、少したかいですが、とてもおいしいです。

---

(26)　「わたし」は、よく何をしますか。
　　　1　きっさてんへ行きます。
　　　2　イタリアりょうりを食べます。
　　　3　みどり駅へ行きます。
　　　4　でんしゃにのります。

(27)　話とあっているのは、どれですか。
　　　1　みどり駅のちかくは、みせが少ないです。
　　　2　みどり駅は、ふべんです。
　　　3　「ナポリ」は、きっさてんのなまえです。
　　　4　「ナポリ」のりょうりは、おいしいです。

問題　2

次の話を読んで、問題に答えてください。
答えは1・2・3・4の中からいちばんいいものを1つ選んでください。

　　わたしは、宮田次郎です。25さいの日本人です。東京の会社ではたらいています。わた

しは、日本の大学で中国語をべんきょうしました。そして、22さいのとき、中国へ行きま

した。中国の大学で1年かん、べんきょうしました。わたしは、その大学でベトナム人の

グエンさんに会いました。グエンさんは、今、日本の大学で日本語をべんきょうしていま

す。グエンさんはいい友だちです。ときどき、よる、会って、いっしょにごはんを食べま

す。

---

(28)　「わたし」について、話とあっているのは、どれですか。
　　　1　中国の大学でべんきょうをしました。
　　　2　日本の大学で、はじめてグエンさんに会いました。
　　　3　ときどき、グエンさんとひるごはんを食べます。
　　　4　今、中国ではたらいています。

(29)　グエンさんについて、話とあっているのは、どれですか。
　　　1　日本の大学で中国語をべんきょうしました。
　　　2　日本の会社で1年かん、はたらきました。
　　　3　今、日本語をべんきょうしています。
　　　4　22さいのとき、日本へ来ました。

問題　3

次のじこく表を見て、問題に答えてください。
答えは１・２・３・４の中からいちばんいいものを１つ選んでください。

【名古屋→東京】しんかんせんのじかん

	名古屋	新横浜	東京	ほかにとまる駅
ひかり 500ごう	09:43 ⇒	11:24 ⇒	11:42	浜松、静岡、熱海、品川
のぞみ 96ごう	09:57 ⇒	11:14 ⇒	11:33	品川
ひかり 644ごう	10:31 ⇒	11:54 ⇒	12:12	豊橋、品川
のぞみ 10ごう	11:14 ⇒	12:34 ⇒	12:54	品川
のぞみ 222ごう	11:49 ⇒	13:06 ⇒	13:24	品川

(30)　じこく表とあっているのは、どれですか。

1　「ひかり500ごう」は、「のぞみ96ごう」よりはやく東京につきます。

2　「のぞみ96ごう」は、11時半までに東京につきます。

3　「ひかり644ごう」は、静岡にとまります。

4　どのしんかんせんも、品川にとまります。

(31)　トムさんは、名古屋にすんでいます。あした、13時に東京駅で友だちと会います。
トムさんは、名古屋駅までバスで行きます。バスは10時35分に名古屋駅につきます。
トムさんは、どのしんかんせんにのりますか。

1　「ひかり500ごう」です。

2　「ひかり644ごう」です。

3　「のぞみ10ごう」です。

4　「のぞみ222ごう」です。

問題　4

次のメールを読んで、問題に答えてください。
答えは1・2・3・4の中からいちばんいいものを1つ選んでください。

これは、今井さんと、ロンさんのメールです。

（今井さんが書いたメール）

> ロンさん、こんばんは。
> 大学のテストは、おわりましたか。

（ロンさんが書いたメール）

> はい。きのう、おわりました。

> そうですか。
> じゃ、今週からまた、はたらきませんか。
> 今月は、まい日、おきゃくさんが多くて、
> たいへんです。

> ええ、おねがいします。
> 今、じかんがありますから。

> じゃ、1週かんに3日、先月と
> おなじじかんにおねがいします。
> あしたのよるから、できますか。

> はい。だいじょうぶです。
> よろしくおねがいします。

---

(32) 今井さんのみせは、今、どうですか。

　　1　おきゃくさんがあまり来ません。

　　2　とてもいそがしいです。

　　3　アルバイトの人が多いです。

　　4　1週かんに3日、休みがあります。

(33) ロンさんについて、メールとあっているのはどれですか。

　　1　あしたから、今井さんのみせではたらきます。

　　2　あしたのよる、今井さんのみせでごはんを食べます。

　　3　これから、あしたのテストのべんきょうをします。

　　4　こんばんからアルバイトをはじめます。

問題　5

次の話を読んで、問題に答えてください。
答えは1・2・3・4の中からいちばんいいものを1つ選んでください。

　わたしには、小学生の子どもがいます。なまえは、太郎です。太郎は、サッカーがすきです。わたしのまちでは、まい週、日よう日、子どものサッカーきょうしつがあります。小学校で、サッカーのれんしゅうをしています。きょねんのはる、太郎も、このサッカーきょうしつに入りました。そのとき太郎は、はじめてサッカーをしましたから、へたでした。でも、今は、とてもじょうずになりました。太郎は、足がはやいですから、れんしゅうのとき、たくさんはしります。そして、日よう日は、いつもよりたくさん、ばんごはんを食べます。サッカーきょうしつの先生は、松本さんです。松本さんは、わたしの友だちで、会社いんです。30年前、松本さんとわたしは、小学校でおなじクラスでした。その小学校が、今の太郎の小学校です。

---

(34)　太郎くんは、日よう日に何をしますか。
　　　1　小学生にサッカーをおしえます。
　　　2　かぞくとレストランでばんごはんを食べます。
　　　3　サッカーをれんしゅうします。
　　　4　クラスの友だちとあそびます。

(35)　松本さんについて、話とあっているのはどれですか。
　　　1　子どもにサッカーをおしえています。
　　　2　小学校の先生です。
　　　3　今、30さいです。
　　　4　太郎くんの友だちです。

3　漢字問題

A　次のひらがなの漢字を１・２・３・４の中から１つ選んでください。

(36)　くがつとおかは、学校が休みです。
　　　1　二月　　　　　2　一月　　　　　3　九月　　　　　4　六月

(37)　アイスクリームは、ひゃく円です。
　　　1　千　　　　　　2　百　　　　　　3　十　　　　　　4　万

(38)　山のうえにたてものがあります。
　　　1　左　　　　　　2　右　　　　　　3　間　　　　　　4　上

(39)　そこにかわがあります。
　　　1　木　　　　　　2　川　　　　　　3　店　　　　　　4　車

(40)　マリーさんは、めが大きいです。
　　　1　目　　　　　　2　耳　　　　　　3　口　　　　　　4　手

B　次の漢字の読み方を１・２・３・４・５・６の中から１つ選んでください。

(41)　火よう日は、びょういんへ行きます。
　　　　１　げつ　　　　　　２　ど　　　　　　　３　すい　　　　　　４　か
　　　　５　もく　　　　　　６　きん

(42)　すみれちゃんは、八さいです。
　　　　１　はっさい　　　　２　ろくさい　　　　３　さんさい　　　　４　いっさい
　　　　５　にさい　　　　　６　ごさい

(43)　父は、たばこをすいません。
　　　　１　あに　　　　　　２　ちち　　　　　　３　いもうと　　　　４　はは
　　　　５　おとうと　　　　６　あね

(44)　かわいい花ですね。
　　　　１　いぬ　　　　　　２　うた　　　　　　３　ふく　　　　　　４　はこ
　　　　５　こえ　　　　　　６　はな

(45)　長いはしをわたります。
　　　　１　くろい　　　　　２　みじかい　　　　３　ながい　　　　　４　あかい
　　　　５　ほそい　　　　　６　しろい

4　短文作成問題

例のように３つの言葉をならべて、ただしい文を作ってください。
１・２・３・４・５・６の中からいちばんいいものを１つ選んでください。

(例)

これは、【　１．という　　２．てんぷら　　３．りょうり　】です。

１　１→２→３　　２　１→３→２　　３　２→１→３　　４　２→３→１
５　３→１→２　　６　３→２→１

ただしい文は、「てんぷら　→　という　→　りょうり」です。
いちばんいいものは「３」です。

| れい | ① | ② | ● | ④ | ⑤ | ⑥ |

---

(46)
スーパーで【　１．とりにくと　　２．買いました　　３．たまごを　】。

１　１→２→３　　２　１→３→２　　３　２→１→３　　４　２→３→１
５　３→１→２　　６　３→２→１

(47)
わたしよりチンさんの【　１．できます　　２．ほうが　　３．日本語が　】。

１　１→２→３　　２　１→３→２　　３　２→１→３　　４　２→３→１
５　３→１→２　　６　３→２→１

(48)

こうばんは、【 1． あいだに　　2． コンビニの　　3． ラーメンやと 】あります。

　　1　1→2→3　　　2　1→3→2　　　3　2→1→3　　　4　2→3→1
　　5　3→1→2　　　6　3→2→1

(49)

斉藤さんに、【 1． パーティーに　　2． 来るか　　3． あしたの 】来ないか、
聞きましたか。

　　1　1→2→3　　　2　1→3→2　　　3　2→1→3　　　4　2→3→1
　　5　3→1→2　　　6　3→2→1

(50)

わたしのしごとは【 1． そうじを　　2． ビルの　　3． する 】ことです。

　　1　1→2→3　　　2　1→3→2　　　3　2→1→3　　　4　2→3→1
　　5　3→1→2　　　6　3→2→1

J.TEST

実用日本語検定

聴解試験
ちょうかいしけん

1 写真問題 (問題1～4)

例題

| れい | ● | ② | ③ | ④ | （答えは解答用紙にマークしてください）|

A　問題1

B 　問題2

C 　問題3

D　問題4

2 聴読解問題 (問題5〜7)

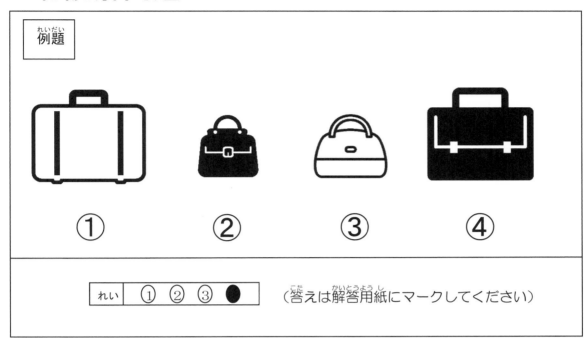

例題

① ② ③ ④

| れい | ① ② ③ ● | （答えは解答用紙にマークしてください） |

E　問題5

2月

		1 ①	2	3	4 ②	5
6 ③	7	8 ④	9	10	11	12

F　問題6

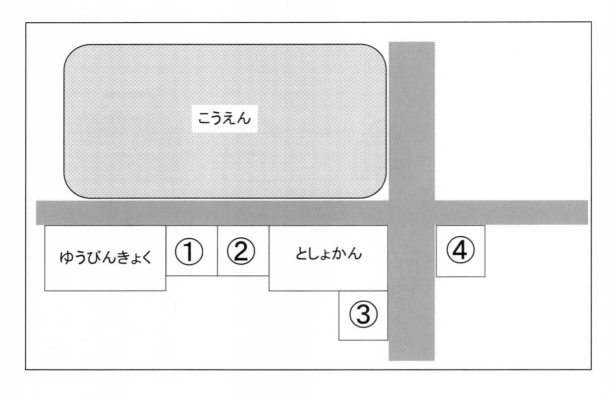

G　問題7

3 応答問題 (問題8〜21)

(問題を聞いて答えてください。)

れい	●	②	③
れい	①	●	③

例題1 →
例題2 →

(答えは解答用紙にマークしてください)

問題 8

問題 9

問題10

問題11

問題12

問題13

問題14

問題15

問題16

問題17

問題18

問題19

問題20

問題21

メモ (MEMO)

4 会話・説明問題 （問題22〜31）

例題	1 みみがいたいですから
	2 あたまがいたいですから
	3 はがいたいですから

れい ① ● ③ （答えは解答用紙にマークしてください）

①

問題22　1 買いものをしました。
　　　　2 やきゅうを見ました。
　　　　3 本を読みました。

問題23　1 おとうさんです。
　　　　2 おにいさんです。
　　　　3 おねえさんです。

②

問題24　1 くつやです。
　　　　2 びょういんです。
　　　　3 カレーやです。

問題25　1 うちへかえります。
　　　　2 ごはんを食べます。
　　　　3 えいがを見ます。

③

問題26　1　15年前です。

　　　　　2　3年前です。

　　　　　3　ことしです。

問題27　1　げんきじゃありません。

　　　　　2　せがひくいです。

　　　　　3　今、大学生です。

④

問題28　1　めがねやです。

　　　　　2　レストランです。

　　　　　3　とけいやです。

問題29　1　1かいです。

　　　　　2　3がいです。

　　　　　3　6かいです。

⑤

問題30　1　カフェの外です。

　　　　　2　ちかてつの中です。

　　　　　3　カフェの中です。

問題31　1　コーヒーを飲みます。

　　　　　2　飲みものを買います。

　　　　　3　リンさんに電話をします。

おわり

実用日本語検定

TEST OF PRACTICAL JAPANESE

J.TEST

受験番号		なまえ	

注　意

1　試験が始まるまで、この問題用紙を開けないでください。

2　この問題用紙は、２３ページあります。

日本語検定協会／Ｊ．ＴＥＳＴ事務局

J.TEST

実用日本語検定

読 解 試 験

（どっかいしけん）

1 文法・語彙問題

A 次の文の（　　　）に1・2・3・4の中からいちばんいいものを入れてください。

（1）　A：「会社は、（　　　）ビルですか」
　　　　B：「はい、あそこです」
　　　　1　あれ　　　　　　2　あの　　　　　　3　そこ　　　　　　4　それ

（2）　A：「（　　　）人がすきですか」
　　　　B：「やさしい人です」
　　　　1　どんな　　　　　2　どっち　　　　　3　だれの　　　　　4　いくら

（3）　そのえんぴつは、わたし（　　　）です。
　　　　1　と　　　　　　　2　が　　　　　　　3　の　　　　　　　4　を

（4）　わたしは、今、おかね（　　　）ほしいです。
　　　　1　に　　　　　　　2　で　　　　　　　3　へ　　　　　　　4　が

（5）　このくるまは、（　　　）はやいです。
　　　　1　べんり　　　　　2　べんりで　　　　3　べんりに　　　　4　べんりだ

（6）　テストがおわりました。もんだいは、あまり（　　　）です。
　　　　1　むずかしい　　　　　　　　　　2　むずかしく
　　　　3　むずかしくなかった　　　　　　4　むずかし

（7）　つかれましたから、タクシー（　　　）かえりましょう。
　　　　1　で　　　　　　　2　が　　　　　　　3　を　　　　　　　4　へ

（8）　きのうは、何（　　　）食べませんでした。
　　　　1　で　　　　　　　2　は　　　　　　　3　も　　　　　　　4　に

（9）　きのう、かばんを（　　　）出かけました。
　　　　1　もたない　　　2　もたないで　　3　もっていない　4　もちません

（10）　うみで（　　　）ときに、しゃしんをとりました。
　　　　1　あそび　　　　　2　あそぶ　　　　　3　あそんで　　　　4　あそんだ

B　次の文の（　　　）に１・２・３・４の中からいちばんいいものを入れてください。

(11)　きょうは、なのかです。あしたは、（　　　）です。
　　　　1　ようか　　　　2　いつか　　　　3　みっか　　　　4　よっか

(12)　じしょを３（　　　）買いました。
　　　　1　だい　　　　2　びき　　　　3　さつ　　　　4　ぼん

(13)　つめたい（　　　）をください。
　　　　1　ちず　　　　2　うた　　　　3　でんき　　　　4　おちゃ

(14)　ねこが（　　　）います。
　　　　1　つとめて　　　　2　くもって　　　　3　ないて　　　　4　ぬいで

(15)　わたしは、まだ日本語が（　　　）です。
　　　　1　へた　　　　2　ゆうめい　　　　3　じょうぶ　　　　4　いろいろ

(16)　きのう、こうえんへ行きました。人が（　　　）です。
　　　　1　少なかった　　　　2　おそかった　　　　3　よわかった　　　　4　ひくかった

(17)　はがきを（　　　）に入れます。
　　　　1　ネクタイ　　　　2　フォーク　　　　3　ポスト　　　　4　シャツ

(18)　（　　　）のドアをしめます。
　　　　1　くだもの　　　　2　ちゃわん　　　　3　ノート　　　　4　トイレ

(19)　これより（　　　）やすいのがほしいです。
　　　　1　もう　　　　2　もっと　　　　3　ぜんぶ　　　　4　おおぜい

(20)　この本をとしょかんに（　　　）ください。
　　　　1　ひいて　　　　2　かえして　　　　3　とまって　　　　4　まがって

C　次の文の＿＿＿＿とだいたい同じ意味のものを1・2・3・4の中から選んでください。

(21)　たまごをむっつ買いました。
　　　1　はっこ　　　　　　　　　　2　よんこ
　　　3　ろっこ　　　　　　　　　　4　さんこ

(22)　わたしは、おさけがすきです。
　　　1　あめやクッキー　　　　　　2　ビールやワイン
　　　3　バスやタクシー　　　　　　4　コーヒーやジュース

(23)　おねえさんは、なんさいですか。
　　　1　なんにん　　　　　　　　　2　どのひと
　　　3　どちら　　　　　　　　　　4　おいくつ

(24)　ボールペンをかります。
　　　1　つかってかえします　　　　2　もってきます
　　　3　なくします　　　　　　　　4　買ってきます

(25)　にわのきは、どれもひくいです。
　　　1　ふとくないです　　　　　　2　たかくないです
　　　3　わかくないです　　　　　　4　ほそくないです

2 読解問題

問題　1

次の話を読んで、問題に答えてください。
答えは1・2・3・4の中からいちばんいいものを1つ選んでください。

　わたしと吉村さんは、じどうしゃの会社で、いっしょにはたらいています。わたしたちの会社は、休みの日がみんなおなじではありません。わたしは、げつよう日とかよう日が休みです。吉村さんは、かよう日とすいよう日が休みです。きのうは、吉村さんもわたしも休みでした。つぎのにちよう日は、名古屋でしごとがありますから、ふたりで出かけます。

---

(26)　きのうは、何よう日でしたか。
　　　1　げつよう日でした。
　　　2　かよう日でした。
　　　3　すいよう日でした。
　　　4　にちよう日でした。

(27)　吉村さんについて、話とあっているのは、どれですか。
　　　1　「わたし」とちがう会社の人です。
　　　2　まい週、げつよう日は、休みです。
　　　3　にちよう日は、休みではありません。
　　　4　いつも、名古屋でしごとをします。

問題 2

次の話を読んで、問題に答えてください。
答えは1・2・3・4の中からいちばんいいものを1つ選んでください。

　わたしのへやは、2かいにあります。1かいは、やおやです。ひるは、やおやに人が来ますから、すこしうるさいです。でも、よるは、しずかです。へやは、ひろくありませんが、駅からちかいです。だいどころと小さいれいぞうこがありますから、りょうりができます。せんたくは、ちかくのみせでします。わたしは、ふくがたくさんあります。へやの中のいろいろなところにふくがありました。でも、きょう、はこを買って、ふゆのふくを入れました。へやがすこしきれいになりました。

---

(28)　「わたし」のへやについて、話とあっているのは、どれですか。
　　　1　れいぞうこがあります。
　　　2　ひろいです。
　　　3　いつもしずかです。
　　　4　駅からとおいです。

(29)　「わたし」は、きょう、何をしましたか。
　　　1　りょうりしました。
　　　2　やさいを買いました。
　　　3　せんたくしました。
　　　4　ふくをはこに入れました。

問題　3

次のチラシを見て、問題に答えてください。
答えは１・２・３・４の中からいちばんいいものを１つ選んでください。

あさひストア		
とりにく 🐓100 グラム	140 円
りんご 🍎　5 こ	500 円
バター 🧈1 はこ	300 円

ふじみスーパー		
とりにく 🐓100 グラム	125 円
りんご 🍎　5 こ	400 円
バター 🧈1 はこ	350 円

スーパーひかり		
とりにく 🐓100 グラム	130 円
りんご 🍎　5 こ	400 円
バター 🧈1 はこ	250 円

もみじマート		
とりにく 🐓100 グラム	135 円
りんご 🍎　2 こ	180 円
バター 🧈1 はこ	200 円

---

(30)　とりにくは、どこがいちばんやすいですか。

1　あさひストアです。
2　ふじみスーパーです。
3　スーパーひかりです。
4　もみじマートです。

(31)　チラシとあっているのは、どれですか。

1　あさひストアは、ふじみスーパーより、りんごがやすいです。
2　ふじみスーパーは、スーパーひかりより、りんごがやすいです。
3　スーパーひかりは、あさひストアより、とりにくがたかいです。
4　もみじマートは、バターがいちばんやすいです。

問題　4

次のメールを読んで、問題に答えてください。
答えは１・２・３・４の中からいちばんいいものを１つ選んでください。

___

これは、柳田さんとジルさんのメールです。

（柳田さんが書いたメール）

> ジルさん、こんにちは。
> こんばん、時間がありますか。

（ジルさんが書いたメール）

> 柳田さん、こんにちは。きょうは、
> しゅくだいが多くて、たいへんです。

> そうですか。じゃ、来週は、どうですか。
> 桜駅のちかくにあたらしいレストランが
> できました。いっしょに行きませんか。

> そうですか。いいですね。
> 15日と 17日のよるは、だいじょうぶです。

> じゃ、15日にしましょう。
> どこであいましょうか。

> 桜駅でごご６時にあいましょう。

> わかりました。そうしましょう。

___

- 42 -

(32)　ジルさんは、こんばん、何をしますか。

　　　1　しゅくだいをします。

　　　2　でんわをかけます。

　　　3　レストランへ行きます。

　　　4　桜駅へ行きます。

(33)　ふたりは、いつあいますか。

　　　1　きょうのよるです。

　　　2　15日のよるです。

　　　3　17日のよるです。

　　　4　まだわかりません。

問題　5

次の話を読んで、問題に答えてください。
答えは1・2・3・4の中からいちばんいいものを1つ選んでください。

わたしは、はしることがすきです。毎あさ、はやくおきて、いえのちかくをはしります。天気がいい日は、3キロくらいはしります。雨の日は、1キロくらいです。それから、しごとに行きます。

大学生のとき、わたしは、はしるれんしゅうをたくさんしました。そのときは、1日に2、3かい10キロをはやくはしりましたから、れんしゅうは、いつもたいへんでした。でも、今は、ゆっくりはしりますから、たのしいです。

きょうは、ひるもはしりました。休みの日で、天気もよかったですから。こうえんで友だちといっしょに、1時間くらいはしりました。すこしつかれましたが、きもちがよかったです。このあと、友だちといっしょに夕はんを食べに行きます。たくさんはしったあとのごはんは、おいしいとおもいます。こんばんは、はやくねます。そして、あしたは、げんきにしごとをします。

---

(34)　「わたし」は、毎あさ、どのくらいはしりますか。
　　　1　いつも1キロくらいです。
　　　2　いつも3キロくらいです。
　　　3　1キロくらいか3キロくらいです。
　　　4　3キロくらいか10キロくらいです。

(35)　「わたし」は、これからまず何をしますか。
　　　1　しごとをします。
　　　2　ねます。
　　　3　友だちとはしります。
　　　4　ごはんを食べます。

3 漢字問題

A 次のひらがなの漢字を1・2・3・4の中から1つ選んでください。

(36)　しちがつにけっこんします。
　　　1　五月　　　　　2　九月　　　　　3　一月　　　　　4　七月

(37)　このじてんしゃは、5まん円です。
　　　1　百　　　　　　2　万　　　　　　3　千　　　　　　4　十

(38)　そらがきれいです。
　　　1　空　　　　　　2　道　　　　　　3　山　　　　　　4　川

(39)　大きいさかなですね。
　　　1　車　　　　　　2　魚　　　　　　3　花　　　　　　4　木

(40)　みみがいたいです。
　　　1　目　　　　　　2　手　　　　　　3　耳　　　　　　4　足

B　次の漢字の読み方を１・２・３・４・５・６の中から１つ選んでください。

(41)　きょうは、金よう日です。
　　　1　ど　　　　　　2　か　　　　　　3　きん　　　　　4　すい
　　　5　もく　　　　　6　げつ

(42)　60円きってを八まいください。
　　　1　ろく　　　　　2　よん　　　　　3　ご　　　　　　4　いち
　　　5　に　　　　　　6　はち

(43)　つくえの上にとけいがあります。
　　　1　した　　　　　2　おく　　　　　3　みぎ　　　　　4　うえ
　　　5　うしろ　　　　6　ひだり

(44)　母は、うたがじょうずです。
　　　1　おとうと　　　2　はは　　　　　3　あね　　　　　4　いもうと
　　　5　ちち　　　　　6　あに

(45)　このまんねんひつは、安いです。
　　　1　ふとい　　　　2　ほそい　　　　3　かるい　　　　4　おもい
　　　5　やすい　　　　6　たかい

4 短文作成問題

例のように３つの言葉をならべて、ただしい文を作ってください。
１・２・３・４・５・６の中からいちばんいいものを１つ選んでください。

（例）

これは、【　１．という　　２．てんぷら　　３．りょうり　】です。

１　１→２→３　　２　１→３→２　　３　２→１→３　　４　２→３→１
５　３→１→２　　６　３→２→１

ただしい文は、「てんぷら　→　という　→　りょうり」です。
いちばんいいものは「３」です。

| れい | ① | ② | ● | ④ | ⑤ | ⑥ |

---

(46)

おさらの【　１．ナイフと　　２．フォークが　　３．よこに　】あります。

１　１→２→３　　２　１→３→２　　３　２→１→３　　４　２→３→１
５　３→１→２　　６　３→２→１

(47)

おとといの【　１．あさまで　　２．よるから　　３．きのうの　】雨がふりました。

１　１→２→３　　２　１→３→２　　３　２→１→３　　４　２→３→１
５　３→１→２　　６　３→２→１

(48)
先生の【　1．いえで　　2．2かい　　3．1週間に　】ギターをならっています。

　　　1　　1→2→3　　　2　　1→3→2　　　3　　2→1→3　　　4　　2→3→1
　　　5　　3→1→2　　　6　　3→2→1

(49)
東京で【　1．大きい　　2．いちばん　　3．本や　】へ行きました。

　　　1　　1→2→3　　　2　　1→3→2　　　3　　2→1→3　　　4　　2→3→1
　　　5　　3→1→2　　　6　　3→2→1

(50)
原田さんは、【　1．スカートを　　2．長い　　3．あおくて　】はいています。

　　　1　　1→2→3　　　2　　1→3→2　　　3　　2→1→3　　　4　　2→3→1
　　　5　　3→1→2　　　6　　3→2→1

J.TEST

実用日本語検定

聴解試験
<ruby>聴<rt>ちょう</rt></ruby> <ruby>解<rt>かい</rt></ruby> <ruby>試<rt>し</rt></ruby> <ruby>験<rt>けん</rt></ruby>

1 写真問題 （問題1～4）

例題

| れい | ● | ② | ③ | ④ | （答えは解答用紙にマークしてください） |

A 問題1

B 問題2

C 問題3

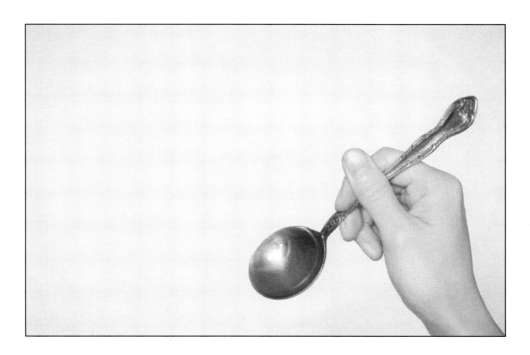

D 　問題4

2 聴読解問題 (問題5〜7)

例題

① ② ③ ④

れい　① ② ③ ●　（答えは解答用紙にマークしてください）

E 問題5

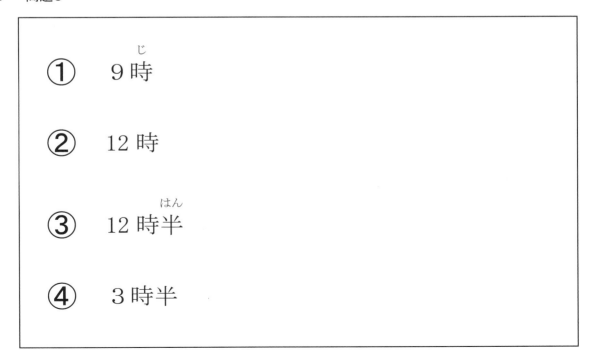

① 9時

② 12時

③ 12時半

④ 3時半

F 問題6

G 問題7

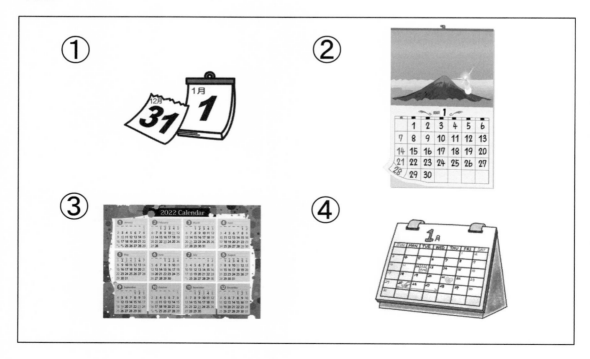

3 応答問題 （問題8〜21）

（問題だけ聞いて答えてください。）

例題1	→	れい	●	②	③
例題2	→	れい	①	●	③

（答えは解答用紙にマークしてください）

問題　8

問題　9

問題10

問題11

問題12

問題13

問題14

問題15

問題16

問題17

問題18

問題19

問題20

問題21

メモ（MEMO）

4 会話・説明問題 （問題22～31）

例題	1 みみがいたいですから
	2 あたまがいたいですから
	3 はがいたいですから

れい ① ● ③ （答えは解答用紙にマークしてください）

1

問題22　1　アメリカです。
　　　　2　中国です。
　　　　3　東京です。

問題23　1　ベルです。
　　　　2　ルー・ミンです。
　　　　3　ロビンです。

2

問題24　1　せんたくします。
　　　　2　そうじします。
　　　　3　買いものします。

問題25　1　きのうは、いちにち中 いい天気でした。
　　　　2　きのう、男の人は、スーパーへ行きませんでした。
　　　　3　男の人はいつも、にちよう日のあさ、出かけます。

3

問題26　1　友だちです。
　　　　2　おとうさんとおかあさんです。
　　　　3　おねえさんです。

問題27　1　やまです。
　　　　2　かわです。
　　　　3　うみです。

4

問題28　1　しごとをします。
　　　　2　ケーキを買います。
　　　　3　ケーキをつくります。

問題29　1　レストランへ行きます。
　　　　2　パーティーをします。
　　　　3　友だちに会います。

5

問題30　1　ちかくの駅です。
　　　　2　スカイタワーです。
　　　　3　スカイツリーです。

問題31　1　駅の人に、おりる駅の名前を聞きます。
　　　　2　ちかくの駅まで10分くらいあるきます。
　　　　3　ちかてつにのります。

おわり

実用日本語検定

TEST OF PRACTICAL JAPANESE

J.TEST

受験番号		なまえ	

注　意

1　試験が始まるまで、この問題用紙を開けないでください。

2　この問題用紙は、２３ページあります。

日本語検定協会／Ｊ．ＴＥＳＴ事務局

J.TEST

実用日本語検定

読解試験
<ruby>読<rt>どっ</rt></ruby><ruby>解<rt>かい</rt></ruby><ruby>試<rt>し</rt></ruby><ruby>験<rt>けん</rt></ruby>

1 文法・語彙問題

A 次の文の（　　　）に1・2・3・4の中からいちばんいいものを入れてください。

（1）　A：「（　　　）りんごは、いかがですか。おいしいですよ」
　　　　B：「じゃ、ひとつください」
　　　　1　そこ　　　　　2　こちらの　　　3　そんな　　　4　あちら

（2）　A：「どよう日、（　　　）はやくかえりましたか」
　　　　B：「しごとがありましたから」
　　　　1　どの　　　　　2　どっち　　　　3　どうして　　4　どなた

（3）　ここで電車（　　　）おりましょう。
　　　　1　を　　　　　　2　に　　　　　　3　まで　　　　4　で

（4）　リーさんは、せ（　　　）たかいです。
　　　　1　を　　　　　　2　が　　　　　　3　と　　　　　4　の

（5）　きのうは、あまり（　　　）。
　　　　1　あたたかかったです　　　　　　2　あたたかいです
　　　　3　あたたかくなかったです　　　　4　あたたかくないです

（6）　ろうかを（　　　）ないでください。
　　　　1　はしり　　　　2　はしった　　　3　はしる　　　4　はしら

（7）　このりょうりに、しおは入れますが、しょうゆ（　　　）入れません。
　　　　1　で　　　　　　2　と　　　　　　3　は　　　　　4　も

（8）　休みの日は、どこ（　　　）へ行きたいです。
　　　　1　も　　　　　　2　か　　　　　　3　が　　　　　4　を

（9）　このペンは（　　　）から、すてません。
　　　　1　たいせつだ　　2　たいせつ　　　3　たいせつに　　4　たいせつで

（10）　しゅくだいを（　　　）あとで、ゲームをします。
　　　　1　しない　　　　2　する　　　　　3　して　　　　4　した

B　次の文の（　　　）に１・２・３・４の中からいちばんいいものを入れてください。

(11)　きのうは、みっかでした。きょうは、（　　　）です。
　　　1　いつか　　　　2　よっか　　　　3　ここのか　　　4　とおか

(12)　本を3（　　　）かりました。
　　　1　ばい　　　　2　だい　　　　3　さつ　　　　4　まい

(13)　橋本さんは、（　　　）です。
　　　1　うみ　　　　2　しんごう　　　3　げんかん　　　4　かんごし

(14)　（　　　）みずを飲みます。
　　　1　ふとい　　　2　つめたい　　　3　わかい　　　4　まるい

(15)　あのいすに（　　　）ましょう。
　　　1　すわり　　　2　つかい　　　3　はじめ　　　4　つかれ

(16)　ひるに（　　　）を食べました。
　　　1　パーティー　　2　ラーメン　　3　スプーン　　4　ポケット

(17)　村田さんは、大きい（　　　）をかけています。
　　　1　うた　　　　2　いろ　　　　3　めがね　　　4　でぐち

(18)　学校で（　　　）ことがありました。
　　　1　しんせつな　　2　ゆうめいな　　3　じょうぶな　　4　いやな

(19)　ゆうべは、11時（　　　）にねました。
　　　1　しか　　　　2　じゅう　　　3　など　　　　4　すぎ

(20)　毎日、シャワーを（　　　）ます。
　　　1　あび　　　　2　はれ　　　　3　わたり　　　4　かぶり

C　次の文の＿＿＿とだいたい同じ意味のものを１・２・３・４の中から選んでください。

(21)　おととし、日本へ来ました。
　　　　1　半年前　　　　　　　　　2　１年前
　　　　3　２年前　　　　　　　　　4　３年前

(22)　佐藤さんのおくさんは、アメリカ人です。
　　　　1　おっと　　　　　　　　　2　おばあさん
　　　　3　ごしゅじん　　　　　　　4　つま

(23)　あしたは、いそがしくないです。
　　　　1　でかけません　　　　　　2　しごとをします
　　　　3　ひまです　　　　　　　　4　天気がよくないです

(24)　ビルの６かいにしょくどうがあります。
　　　　1　スポーツをするところ　　2　食べるところ
　　　　3　せんたくするところ　　　4　本を読むところ

(25)　このしんかんせんは、東京から大阪まで２時間半かかります。
　　　　1　東京から２時間半で大阪につきます
　　　　2　東京より２時間半はやく大阪につきます
　　　　3　東京から大阪まで２時間半とまりません
　　　　4　東京と大阪の間で２時間半休みます

2 読解問題

問題　1

次の話を読んで、問題に答えてください。
答えは１・２・３・４の中からいちばんいいものを１つ選んでください。

　子どものときの話です。わたしといもうとは、いえでえをかきました。わたしは、いもうとのかおをかきました。いもうとは、わたしのかおをかきました。いもうとは、えがじょうずですから、とてもかわいいかおのえをかきました。でも、わたしは、えがへたです。いもうとのかおのえは、かわいくありませんでした。そのえを見て、いもうとは「おねえさん、きらい！」と言いました。

---

(26)　「わたし」は、何のえをかきましたか。
　　　1　じぶんのかおです。
　　　2　いもうとのかおです。
　　　3　あねのかおです。
　　　4　いえです。

(27)　話とあっているのは、どれですか。
　　　1　「わたし」も、いもうとも、えがじょうずです。
　　　2　「わたし」も、いもうとも、えがへたです。
　　　3　「わたし」は、いもうとよりえがじょうずです。
　　　4　いもうとは、「わたし」よりえがじょうずです。

問題　2

次の話を読んで、問題に答えてください。
答えは1・2・3・4の中からいちばんいいものを1つ選んでください。

　　わたしは、かぜをひきました。あたまがいたかったですから、ゆうべは、はやくねました。でも、けさもまだ、あたまがいたかったです。わたしは、会社に電話をして、「きょうは、休みます」と言いました。きんよう日のよるは、いつも友だちとえいがを見に行きますが、きょうは行きません。友だちに「ごめんなさい。来週会いましょう」とメールしました。きょうは、何も食べたくないです。あとで、ぎゅうにゅうを飲んでから、くすりを飲みます。

---

(28)　「わたし」は、けさ、何をしましたか。
　　　1　えいがを見ました。
　　　2　会社に電話をしました。
　　　3　くすりを飲みました。
　　　4　友だちと会いました。

(29)　「わたし」は、きょう、これから何をしますか。
　　　1　ごはんを食べます。
　　　2　友だちにメールをします。
　　　3　ぎゅうにゅうを飲みます。
　　　4　会社へ行きます。

問題 3

次のメモを見て、問題に答えてください。
答えは1・2・3・4の中からいちばんいいものを1つ選んでください。

タミルさんのメモ

午前 7：30	～	8：00	ごはんを食べます。
	8：30		いえを出ます。
	9：00	～ 12：00	としょかんでべんきょうします。
午後 12：00	～	1：00	ごはんを食べます。
	1：00	～ 5：00	コンビニでアルバイトをします。
	5：30	～ 6：30	友だちとごはんを食べます。
	6：30	～ 8：30	友だちとえいがを見ます。
	9：00		いえにかえります。

(30) メモとあっているのは、どれですか。

1　としょかんに3時間います。
2　友だちといっしょにべんきょうします。
3　午後、コンビニで飲みものを買います。
4　いえでえいがを見ます。

(31) タミルさんは、ひるごはんのあとまず、何をしますか。

1　いえにかえります。
2　べんきょうします。
3　えいがを見ます。
4　アルバイトをします。

問題　4

次のメールを読んで、問題に答えてください。
答えは１・２・３・４の中からいちばんいいものを１つ選んでください。

これは、ヤンさんとマーさんのメールです。

（ヤンさんが書いたメール）

いま、どこにいますか。

（マーさんが書いたメール）

５かいの本やにいます。ざっしを見ています。ヤンさんは？

２かいです。くつを買いました。

わたしは、このあと３がいのみせで、はしとちゃわんを買います。
ヤンさんは、どうしますか。

１かいのパンやでパンを買います。

じゃ、３時に１かいで会いましょう。

わかりました。

---

(32) マーさんは、これからまず、どこへ行きますか。

1 1かいです。

2 2かいです。

3 3がいです。

4 5かいです。

(33) ヤンさんは、これからまず、何をしますか。

1 パンやへ行きます。

2 本を買います。

3 くつを買います。

4 ざっしを見ます。

問題　5

次の話を読んで、問題に答えてください。
答えは1・2・3・4の中からいちばんいいものを1つ選んでください。

わたしのうちに白いねこがいます。名前は、チロです。チロは、先月、5さいになりました。でも、チロのほんとうのたんじょう日は、わかりません。

5年前のはるまで、わたしのうちに、白いいぬがいましたが、びょうきでしにました。15さいでした。いぬがいなくなってから1か月くらいあと、うちのにわに子どものねこが来ました。その日から子どものねこは、毎日来ました。小さくて、とてもかわいかったです。わたしは、そのねこをうちのねこにしました。そのあと、ねことわたしは、どうぶつのいしゃのところへ行きました。いしゃは、ねこは生まれてから1か月ぐらいだと言いました。その日は5月11日でしたから、わたしは、4月11日をチロのたんじょう日にしました。そして、ねこの名前は、前にいたいぬとおなじ名前にしました。それが今のチロです。

---

(34)　5年前まで「わたし」のうちに何がいましたか。
　　　1　ちいさいねこです。
　　　2　子どものいぬです。
　　　3　白いねこです。
　　　4　白いいぬです。

(35)　「今のチロ」について、話とあっているのは、どれですか。
　　　1　5年前までいたどうぶつと、おなじ名前です。
　　　2　今、生まれてから1か月くらいです。
　　　3　たんじょう日が「わたし」とおなじです。
　　　4　「わたし」のいえで生まれました。

3 漢字問題

A 次のひらがなの漢字を1・2・3・4の中から1つ選んでください。

(36) 来月のようかにテストがあります。
    1 四日   2 八日   3 七日   4 十日

(37) はながすきです。
    1 花   2 山   3 魚   4 雨

(38) みちがせまいです。
    1 川   2 道   3 車   4 店

(39) まちのひがしに大学があります。
    1 西   2 北   3 東   4 南

(40) めがいたいです。
    1 手   2 耳   3 足   4 目

B 次の漢字の読み方を1・2・3・4・5・6の中から1つ選んでください。

(41) きょうは、火よう日です。
    1 ど   2 か   3 もく   4 すい
    5 きん   6 げつ

(42) 父は、けいかんです。
    1 はは   2 おとうと   3 あに   4 おじ
    5 おば   6 ちち

(43) 上を見てください。
    1 うしろ   2 した   3 そと   4 うえ
    5 みぎ   6 ひだり

(44) これは、六千円です。
    1 ろくまん   2 きゅうまん   3 ろくせん   4 きゅうせん
    5 ろっぴゃく 6 きゅうひゃく

(45) 古いアパートにすんでいます。
    1 くらい   2 あたらしい   3 あかるい   4 ひろい
    5 ふるい   6 やすい

4　短文作成問題

例のように３つの言葉をならべて、ただしい文を作ってください。
１・２・３・４・５・６の中からいちばんいいものを１つ選んでください。

（例）

これは、【　１．という　　２．てんぷら　　３．りょうり　】です。

１　１→２→３　　　２　１→３→２　　　３　２→１→３　　　４　２→３→１
５　３→１→２　　６　３→２→１

ただしい文は、「てんぷら　→　という　→　りょうり」です。
いちばんいいものは「３」です。

れい　

（46）

あの【　１．かさは　　２．くろい　　３．チンさん　】のです。

１　１→２→３　　　２　１→３→２　　　３　２→１→３　　　４　２→３→１
５　３→１→２　　　６　３→２→１

（47）

【　１．てがみ　　２．くにの　　３．りょうしんに　】を書きました。

１　１→２→３　　　２　１→３→２　　　３　２→１→３　　　４　２→３→１
５　３→１→２　　　６　３→２→１

(48)

このおかしは、【　1．ひとり　　2．ずつ　　3．3こ　】です。

　　1　1→2→3　　　2　1→3→2　　　3　2→1→3　　　4　2→3→1
　　5　3→1→2　　　6　3→2→1

(49)

【　1．ながら　　2．きき　　3．ラジオを　】、おふろに入（はい）ります。

　　1　1→2→3　　　2　1→3→2　　　3　2→1→3　　　4　2→3→1
　　5　3→1→2　　　6　3→2→1

(50)

子（こ）どもが【　1．います　　2．から　　3．ねて　】、大（おお）きいこえで
話（はな）さないでください。

　　1　1→2→3　　　2　1→3→2　　　3　2→1→3　　　4　2→3→1
　　5　3→1→2　　　6　3→2→1

J.TEST

実用日本語検定

<ruby>聴<rt>ちょう</rt></ruby> <ruby>解<rt>かい</rt></ruby> <ruby>試<rt>し</rt></ruby> <ruby>験<rt>けん</rt></ruby>

1 写真問題 (問題1〜4)

例題

| れい | ● | ② | ③ | ④ | （答えは解答用紙にマークしてください）

A 問題1

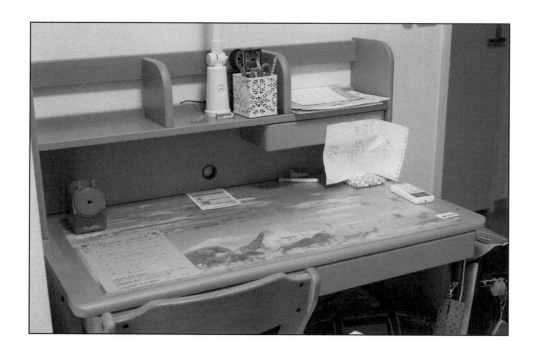

B　問題2

C　問題3

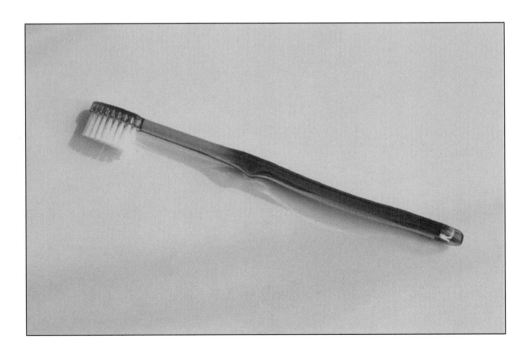

D 問題4

2 聴読解問題 (問題5～7)

例題

① ② ③ ④

| れい | ① ② ③ ● | （答えは解答用紙にマークしてください） |

E 問題5

5月

にち	げつ	か	すい	もく	きん	ど
6	7	8	9	10	11 ①	12
13 ②	14	15	16	17	18	19
20 ③	21 ④	22	23	24	25	26

F　問題6

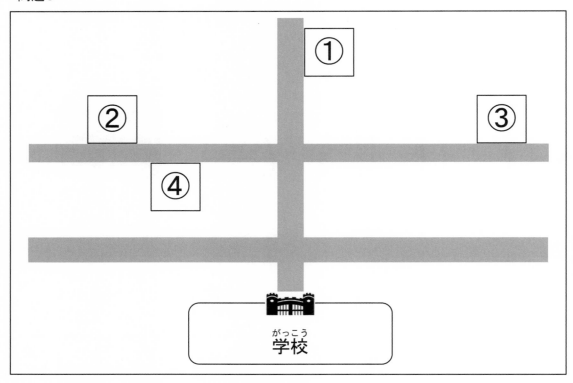

G　問題7

3 応答問題 （問題8〜21）

（問題だけ聞いて答えてください。）

れい	●	②	③
れい	①	●	③

例題1 →
例題2 →

（答えは解答用紙にマークしてください）

問題 8

問題 9

問題10

問題11

問題12

問題13

問題14

問題15

問題16

問題17

問題18

問題19

問題20

問題21

メモ（MEMO）

- 81 -

4 会話・説明問題 (問題22〜31)

1

問題22
1　サラダだけです。
2　パンとサラダです。
3　パンとサラダとりんごです。

問題23
1　あさです。
2　ひるです。
3　あさとひるです。

2

問題24
1　あさからいい天気です。
2　今はくもりで、これからあめがふります。
3　今、あめがふっています。

問題25
1　今、かわのちかくは、あぶないです。
2　今、さくら市の人は、学校にいます。
3　きょうは、あさからバスがはしっています。

3

問題26　1　18さいのときです。
　　　　2　21さいのときです。
　　　　3　きょねんです。

問題27　1　きっさてんのしごとです。
　　　　2　しゃしんをとるしごとです。
　　　　3　はなやのしごとです。

4

問題28　1　やきゅうを見ます。
　　　　2　カラオケのみせに電話をします。
　　　　3　カラオケに行きます。

問題29　1　女の人は、やきゅうはおもしろくないとおもっています。
　　　　2　男の人は、カラオケがきらいです。
　　　　3　カラオケのみせは、いつも人が多いです。

5

問題30　1　プールでおよぎます。
　　　　2　スケートをします。
　　　　3　としょかんへ行きます。

問題31　1　ビデオを買います。
　　　　2　本を読みます。
　　　　3　えいがを見ます。

おわり

実用日本語検定

TEST OF PRACTICAL JAPANESE

J.TEST

受験番号		なまえ	

注　意

1　試験が始まるまで、この問題用紙を開けないでください。

2　この問題用紙は、２３ページあります。

日本語検定協会／Ｊ．ＴＥＳＴ事務局

J.TEST

実用日本語検定

読解試験

<table>
<tbody>
<tr><td>1</td><td>文法・語彙問題</td><td>問題</td><td>（1）〜（25）</td></tr>
<tr><td>2</td><td>読解問題</td><td>問題</td><td>（26）〜（35）</td></tr>
<tr><td>3</td><td>漢字問題</td><td>問題</td><td>（36）〜（45）</td></tr>
<tr><td>4</td><td>短文作成問題</td><td>問題</td><td>（46）〜（50）</td></tr>
</tbody>
</table>

1 文法・語彙問題

A 次の文の（　　　）に１・２・３・４の中からいちばんいいものを入れてください。

（1）　A：「（　　　）のへやにだれがいますか」
　　　　B：「こちらは、吉田さんとわたしがいます」
　　　　1　そんな　　　　2　そちら　　　　3　あちら　　　　4　こんな

（2）　A：「コップが（　　　）ありますか」
　　　　B：「みっつです」
　　　　1　いくら　　　　2　どっち　　　　3　どなた　　　　4　いくつ

（3）　あたらしいボールペン（　　　）ほしいです。
　　　　1　が　　　　　　2　と　　　　　　3　に　　　　　　4　へ

（4）　はし（　　　）ごはんを食べます。
　　　　1　と　　　　　　2　や　　　　　　3　で　　　　　　4　が

（5）　小さかったこどもが（　　　）なりました。
　　　　1　大きくない　　2　大きく　　　　3　大きかった　　4　大きくて

（6）　このしごとは、すぐおわります。（　　　）ありません。
　　　　1　たいへん　　　2　たいへんに　　3　たいへんだ　　4　たいへんじゃ

（7）　今、いえには、わたし（　　　）いません。
　　　　1　でも　　　　　2　のは　　　　　3　しか　　　　　4　にも

（8）　見て！　月がきれいだ（　　　）。
　　　　1　へ　　　　　　2　も　　　　　　3　を　　　　　　4　わ

（9）　しゅくだいを（　　　）ないで寝ました。
　　　　1　し　　　　　　2　して　　　　　3　した　　　　　4　する

（10）　来週また（　　　）に来ます。
　　　　1　会う　　　　　2　会って　　　　3　会い　　　　　4　会わない

B 次の文の（　　　）に1・2・3・4の中からいちばんいいものを入れてください。

(11)　きょうは、ついたちです。あしたは、（　　　）です。
　　　　1　いつか　　　　　2　とおか　　　　　3　ふつか　　　　　4　はつか

(12)　わたしのへやは、アパートの2（　　　）です。
　　　　1　かい　　　　　　2　まい　　　　　　3　だい　　　　　　4　ひき

(13)　（　　　）を飲みます。
　　　　1　おちゃ　　　　　2　でんき　　　　　3　ちず　　　　　　4　おべんとう

(14)　うちへかえって、ふくを（　　　）ました。
　　　　1　さし　　　　　　2　すわり　　　　　3　けし　　　　　　4　ぬぎ

(15)　わたしは、にくが（　　　）です。
　　　　1　にぎやか　　　　2　きらい　　　　　3　べんり　　　　　4　じょうぶ

(16)　あのいえは、（　　　）にわがあります。
　　　　1　とおい　　　　　2　からい　　　　　3　みじかい　　　　4　ひろい

(17)　さむいですから、（　　　）をきます。
　　　　1　コート　　　　　2　ニュース　　　　3　スキー　　　　　4　ビール

(18)　おもい（　　　）をもちます。
　　　　1　こうさてん　　　2　にもつ　　　　　3　くもり　　　　　4　ろうか

(19)　後藤さんは、今しごと（　　　）です。
　　　　1　など　　　　　　2　ずつ　　　　　　3　ちゅう　　　　　4　すぎ

(20)　でんしゃのドアが（　　　）ました。
　　　　1　よび　　　　　　2　しまり　　　　　3　わたり　　　　　4　なき

C　次の文の＿＿＿とだいたい同じ意味のものを1・2・3・4の中から選んでください。

(21)　きょうのあさは、たくさん雨がふりました。
　　　1　おととい　　　　　　　　　2　ことし
　　　3　ゆうべ　　　　　　　　　　4　けさ

(22)　この本は、つまらないです。
　　　1　やさしいです　　　　　　　2　おもしろくないです
　　　3　むずかしいです　　　　　　4　かわいくないです

(23)　なぜここに来ましたか。
　　　1　いつごろ　　　　　　　　　2　どうして
　　　3　どこから　　　　　　　　　4　だれと

(24)　太郎さんは、げんかんにいます。
　　　1　りょうりするところ　　　　2　ねるところ
　　　3　いえの入りぐち　　　　　　4　トイレ

(25)　その話は、おぼえていません。
　　　1　わすれました　　　　　　　2　しりません
　　　3　よくききます　　　　　　　4　おしえません

2　読解問題

問題　1

次の話を読んで、問題に答えてください。
答えは1・2・3・4の中からいちばんいいものを1つ選んでください。

　　わたしは、パクです。かんこくから来ました。今、ひとりで大阪にすんでいます。わたしは、あねといもうとがいます。3人きょうだいです。あねといもうとは、かんこくにいます。あねとわたしは、ゲームがすきです。わたしといもうとは、アニメがすきです。わたしは、あねやいもうととよく電話で話します。

---

(26)　「わたし」について、話とあっているのはどれですか。
　　1　今、かんこくにいます。
　　2　大阪から来ました。
　　3　おねえさんがふたりいます。
　　4　いもうとがひとりいます。

(27)　話とあっているのはどれですか。
　　1　「わたし」は、かぞくといっしょにすんでいます。
　　2　「わたし」は、ゲームも、アニメも、すきです。
　　3　「わたし」のおねえさんは、アニメがすきです。
　　4　「わたし」のいもうとは、日本にいます。

問題　2

次の話を読んで、問題に答えてください。
答えは1・2・3・4の中からいちばんいいものを1つ選んでください。

わたしのうちのちかくに山があります。すこし高い山です。きのう、友だち3人といっしょにこの山にのぼりました。ひるごはんをもって、あさ8時から3時間あるいて、山のいちばんうえにつきました。それからそこで、ひるごはんを食べました。とてもおいしかったです。そのあと、山をおりました。午後4時半ごろ、友だちとわかれました。

---

(28)　きのう、何人で山へ行きましたか。
　　　　1　ひとりです。
　　　　2　ふたりです。
　　　　3　3人です。
　　　　4　4人です。

(29)　何時ごろ、山のいちばんうえにつきましたか。
　　　　1　午前8時ごろです。
　　　　2　午前11時ごろです。
　　　　3　午後3時ごろです。
　　　　4　午後4時半ごろです。

問題 3

次のチラシを見て、問題に答えてください。

答えは1・2・3・4の中からいちばんいいものを1つ選んでください。

やすい！ やすい！ くすりのヤスイ

7月11日（げつよう日）～17日（にちよう日）は、もっとやすい！！

- あたまがいたい人へ 「**ツムトール**」 1はこ 1,200円

  げつよう日・もくよう日は、*1,050円*です！

- おなかがいたい人へ 「**クロイサン**」 1はこ 1,300円

  すいよう日・にちよう日は、*1,100円*です！

- めがつかれた人へ 「**ナイヒーロ**」 1はこ 1,900円

  かよう日・きんよう日は、*1,750円*です！

- げんきが出ない人へ 「**ガンバルン**」 1はこ 1,000円

  どよう日は、*900円*です！

---

(30) 7月13日は、何がやすいですか。

1 あたまがいたいときのくすりです。

2 おなかがいたいときのくすりです。

3 めがつかれたときのくすりです。

4 げんきが出ないときのくすりです。

(31) チラシとあっているのは、どれですか。

1 げつよう日は、「ツムトール」が「ガンバルン」よりやすいです。

2 きんよう日は、もくよう日より「ナイヒーロ」が150円やすいです。

3 すいよう日は、どのくすりも、ほかの日よりやすいです。

4 どよう日は、にちよう日より「クロイサン」がやすいです。

問題　4

次のメールを読んで、問題に答えてください。
答えは 1・2・3・4 の中からいちばんいいものを 1 つ選んでください。

これは、ヨウさんとリンさんのメールです。

（ヨウさんが書いたメール）

> 学校の前のコンビニへ来ました。
> わたしはパンとぎゅうにゅうを買います。
> リンさんは、何かいりますか。

（リンさんが書いたメール）

> じゃ、りんごジュースをおねがいします。
> あとでおかねをわたします。

> わかりました。
> あ、リンさんがすきなアイスクリームが
> ありますよ。

> え！　あのアイスクリームですか。
> そのコンビニには、いつもありませんが。

> でも、きょうはあります！

> じゃ、今から行きます。
> 買って、すぐに食べたいですから。

> ほんとうにすきですね。
> じゃ、じぶんのだけ買って、まっています。

B 問題2

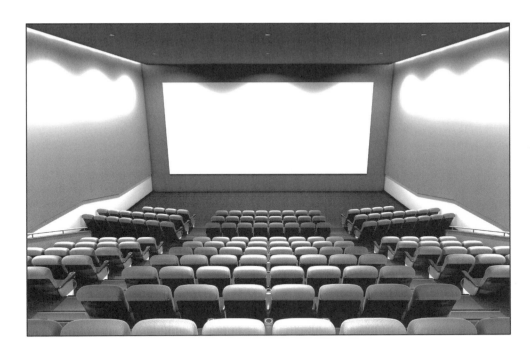

C 問題3

D　<ruby>問題<rt>もんだい</rt></ruby>4

2 聴読解問題 （問題5〜7）

E 問題5

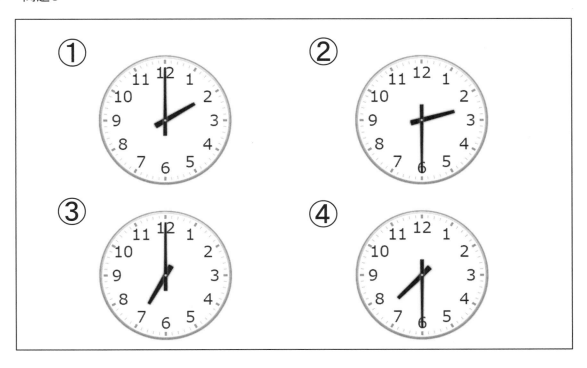

F 問題6

① きのうの しんぶん

② きょうの しんぶん

③ おんがくの ざっし

④ りょうりの ざっし

G 問題7

3 応答問題 （問題8〜21）

(問題だけ聞いて答えてください。)

例題1	→	れい	● ② ③
例題2	→	れい	① ● ③

（答えは解答用紙にマークしてください）

問題　8

問題　9

問題10

問題11

問題12

問題13

問題14

問題15

問題16

問題17

問題18

問題19

問題20

問題21

メモ（MEMO）

4 会話・説明問題 （問題22〜31）

1

問題22　1　あおとあかです。
　　　　2　あかときいろです。
　　　　3　きいろとあおです。

問題23　1　あかです。
　　　　2　あおです。
　　　　3　きいろです。

2

問題24　1　1年です。
　　　　2　5年です。
　　　　3　10年です。

問題25　1　ぎんこういんです。
　　　　2　きょうしです。
　　　　3　かんごしです。

問題26　1　しゃしんをとります。

　　　　2　さんぽします。

　　　　3　魚を見ます。

問題27　1　1か月まえです。

　　　　2　1年まえです。

　　　　3　2年まえです。

問題28　1　ドーナツを食べます。

　　　　2　ジュースを飲みます。

　　　　3　コーヒーを飲みます。

問題29　1　ドーナツとジュースです。

　　　　2　ジュースとコーヒーです。

　　　　3　ドーナツとコーヒーです。

問題30　1　コンビニのしごとをします。

　　　　2　リンさんのしつもんにこたえます。

　　　　3　学校へ行きます。

問題31　1　コンビニで買いものをしました。

　　　　2　いっしょにアルバイトをしています。

　　　　3　おなじ学校でべんきょうしています。

おわり

実用日本語検定

TEST OF PRACTICAL JAPANESE

J.TEST

受験番号		なまえ	

注 意

1 試験が始まるまで、この問題用紙を開けないでください。

2 この問題用紙は、２３ページあります。

日本語検定協会／Ｊ.ＴＥＳＴ事務局

J.TEST

実用日本語検定

読 解 試 験

1 文法・語彙問題

A 次の文の（　　　）に1・2・3・4の中からいちばんいいものを入れてください。

（1） A：「ちょっと（　　　）に来てください」
　　　B：「はい、今、行きます」
　　　1　あそこ　　　　　2　そちら　　　　　3　こんな　　　　　4　こっち

（2） A：「お国は（　　　）ですか」
　　　B：「中国です」
　　　1　いくつ　　　　　2　いくら　　　　　3　どちら　　　　　4　どなた

（3） ノート（　　　）なまえをかきます。
　　　1　に　　　　　　　2　が　　　　　　　3　を　　　　　　　4　と

（4） びょうき（　　　）会社を休みます。
　　　1　から　　　　　　2　や　　　　　　　3　か　　　　　　　4　で

（5） ここは（　　　）ありませんが、とてもいいみせです。
　　　1　ゆうめいな　　　2　ゆうめいでは　　3　ゆうめいだ　　　4　ゆうめいに

（6） あしたから、あさ（　　　）おきます。
　　　1　はやい　　　　　2　はやいの　　　　3　はやく　　　　　4　はやくない

（7） あのせ（　　　）ひくい人は、わたしの父です。
　　　1　で　　　　　　　2　の　　　　　　　3　と　　　　　　　4　に

（8） はこの中に何（　　　）ありません。
　　　1　は　　　　　　　2　も　　　　　　　3　を　　　　　　　4　が

（9） ゆうべは、（　　　）ゲームをしました。
　　　1　べんきょうした　　　　　　　　2　べんきょうしない
　　　3　べんきょうしに　　　　　　　　4　べんきょうしないで

（10） おかしを（　　　）ながら、えいがを見ました。
　　　1　食べ　　　　　　2　食べて　　　　　3　食べた　　　　　4　食べる

B　次の文の（　　　）に1・2・3・4の中からいちばんいいものを入れてください。

(11)　きょうは、きんよう日です。きのうは、（　　　）よう日でした。
　　　1　か　　　　　　2　ど　　　　　　3　もく　　　　　4　すい

(12)　本を3（　　　）買いました。
　　　1　さつ　　　　　2　だい　　　　　3　ぼん　　　　　4　まい

(13)　ぼうしを（　　　）ます。
　　　1　はき　　　　　2　かぶり　　　　3　すわり　　　　4　ちがい

(14)　（　　　）のでんきをつけます。
　　　1　だいどころ　　2　ちず　　　　　3　ちゃわん　　　4　やさい

(15)　あのみせのラーメンは、（　　　）です。
　　　1　ひろい　　　　2　とおい　　　　3　まずい　　　　4　いそがしい

(16)　あしたは、（　　　）です。
　　　1　しんせつ　　　2　へた　　　　　3　じょうぶ　　　4　ひま

(17)　ラジオで（　　　）を聞きます。
　　　1　セーター　　　2　ビール　　　　3　ニュース　　　4　トイレ

(18)　子ども（　　　）は、みんないっしょにかえりました。
　　　1　たち　　　　　2　じゅう　　　　3　しか　　　　　4　など

(19)　スーパーで（　　　）を買いました。
　　　1　びょうき　　　2　しつもん　　　3　ゆうがた　　　4　せっけん

(20)　友だちにかぞくのしゃしんを（　　　）ました。
　　　1　なき　　　　　2　見せ　　　　　3　わすれ　　　　4　くもり

C　次の文の＿＿＿とだいたい同じ意味のものを１・２・３・４の中から選んでください。

(21)　6時5分ごろに友だちが来ます。
　　　1　6時すぎ　　　　　　　　　　　2　6時まえ
　　　3　6時はん　　　　　　　　　　　4　6時ちょうど

(22)　松田さんのお父さんのおにいさんは、いしゃです。
　　　1　おばあさん　　　　　　　　　　2　おばさん
　　　3　おじいさん　　　　　　　　　　4　おじさん

(23)　日本語が、少しずつじょうずになりました。
　　　1　少しだけ　　　　　　　　　　　2　だんだん
　　　3　たいへん　　　　　　　　　　　4　たぶん

(24)　このボールペンは、ふといです。
　　　1　みじかくないです　　　　　　　2　うすくないです
　　　3　こくないです　　　　　　　　　4　ほそくないです

(25)　さいふをなくしました。
　　　1　ながい間、さいふをつかいました。
　　　2　新しいさいふを買いました。
　　　3　さいふがありましたが、今、ありません。
　　　4　さいふがありませんでしたが、今、あります。

2　読解問題

問題　1

次の話を読んで、問題に答えてください。
答えは１・２・３・４の中からいちばんいいものを１つ選んでください。

　　わたしは、毎あさ７時におきます。げつよう日からきんよう日までは、しごとがあります。８時にうちを出て、えきまであるきます。うちであさごはんを食べません。えきの前のみせでパンを食べて、コーヒーを飲みます。休みの日は、うちであさごはんを食べます。たまごとパンとバナナを食べて、ぎゅうにゅうを飲みます。

---

(26)　げつよう日の「わたし」のあさごはんは、どれですか。
　　　1　パンとぎゅうにゅうです。
　　　2　パンとコーヒーです。
　　　3　たまごとパンです。
　　　4　パンとバナナです。

(27)　「わたし」について、話とあっているのは、どれですか。
　　　1　にちよう日は、あさ８時におきます。
　　　2　しごとの日は、うちであさごはんを食べます。
　　　3　しごとの日は、あるいてえきへ行きます。
　　　4　休みの日は、うちであさごはんを食べません。

問題　2

次の話を読んで、問題に答えてください。
答えは1・2・3・4の中からいちばんいいものを1つ選んでください。

　わたしは、大学生のとき、大学のちかくにすんでいました。リサさんがよくうちに来て、いっしょにうたのれんしゅうをしました。わたしがギターをひいて、リサさんがうたいました。リサさんは、うたがじょうずでした。今、わたしは、かぞくと3人ですんでいます。リサさんは、わたしのつまです。こどももいます。つまは、今も、うたがじょうずです。うちでよく、わたしがギターをひいて、みんなでうたいます。

---

(28)　今、「わたし」のうちにだれがすんでいますか。

1　「わたし」だけです。

2　「わたし」とリサさんです。

3　「わたし」とこどもです。

4　「わたし」とリサさんとこどもです。

(29)　リサさんについて、話とあっているのはどれですか。

1　うたがじょうずです。

2　よくギターをひきます。

3　大学のちかくにすんでいます。

4　けっこんしていません。

問題　3

次のおしらせを読んで、問題に答えてください。
答えは１・２・３・４の中からいちばんいいものを１つ選んでください。

うります！

わたしは、国へかえります。もういりませんから、買ってください。

じてん車（5,000円） ・しろいじてんしゃです。 ・２ねんのりました。	**れいぞうこ（2,500円）** ・ちいさいれいぞうこです。 ・ドアは１つだけです。 ・きょねん買いました。
テーブルといす（3,000円） ・テーブルといすのセットです。 ・あおくて、きれいです。 ・いすは２つあります。	**そうじき（4,000円）** ・新しいそうじきです。 ・ことし 10,000 円で買いました。

ほしい人は、メールをください。しゃしんをおくります。
マリオ・マルカーノ（りゅうがく生）　m.marcano@xxxx-u.ac.jp

---

(30)　マリオさんからものを買いたい人は、まず、何をしますか。

1　マリオさんのいえへ行きます。
2　マリオさんにじぶんのしゃしんをおくります。
3　マリオさんにおかねをわたします。
4　マリオさんにメールをします。

(31)　マリオさんについて、おしらせとあっているのは、どれですか。

1　5,000円でじてん車を買いました。
2　しろいじてん車を２ねんかんつかいました。
3　いすを１つ1,500円で売りたいとおもっています。
4　大きいれいぞうこを買いたいとおもっています。

問題　4

次のメールを読んで、問題に答えてください。
答えは１・２・３・４の中からいちばんいいものを１つ選んでください。

これは、東京のグエンさんと、大阪のパクさんのメールです。

（グエンさんが書いたメール）

> パクさん、こんにちは。
> 東京は、あついです。

（パクさんが書いたメール）

> グエンさん、こんにちは。
> 大阪は、すずしいですよ。

> そうですか。東京は、たいへんです。
> わたしは、きょう、しごとが休みですが、
> どこも行きたくありません。
> うちでビデオを見ます。

> 大阪は、きのう、あつかったですが、
> きょうは、あつくないです。

> それは、いいですね。
> きょうは、出かけますか。

> ええ。
> 買いものに行きます。

---

(32) グエンさんは、きょう何をしますか。

    1   しごとをします。

    2   買いものに行きます。

    3   うちでビデオを見ます。

    4   大阪へ行きます。

(33) メールの話とあっているのは、どれですか。

    1   大阪は、きょうよりも、きのうのほうがあつかったです。

    2   東京は、きのうよりも、きょうのほうがすずしいです。

    3   きょう、大阪は、とてもあついです。

    4   きのう、東京はすずしかったです。

問題　5

次の話を読んで、問題に答えてください。
答えは１・２・３・４の中からいちばんいいものを１つ選んでください。

わたしの友だちの佐藤さんと吉田さんは、レストランの店長です。(ア) 佐藤さんのレストランは、とてもしずかです。来る人は、みんなきれいなふくをきています。そして、ちいさいこえで話します。りょうりはたかいですが、おいしいです。吉田さんのレストランは、いろいろな人が来ます。食べるときに大きいこえで話しますから、いつもにぎやかです。りょうりは、りょうが多くて、やすいです。

8月にフランス人の友だちのミシエルさんが日本に来ます。わたしは、ミシエルさんとレストランでばんごはんを食べたいです。佐藤さんは、じぶんのレストランへ来てくださいと言いました。佐藤さんのレストランは、フランスのりょうりがあるからです。

でも、わたしは、(イ) 吉田さんのレストランがいいとおもいます。ミシエルさんは、にぎやかなところがすきですから。

---

(34)　（ア）「佐藤さんのレストラン」は、どんなレストランですか。
1　たかいりょうりを出します。
2　食べる人は、大きいこえで話します。
3　りょうりは、あまりおいしくないです。
4　日本のりょうりは、ありません。

(35)　どうして（イ）「吉田さんのレストランがいいとおもいます」か。
1　フランスのりょうりがありますから
2　うるさくないですから
3　りょうりがおいしいですから
4　いつもにぎやかですから

3 漢字問題

A 次のひらがなの漢字を1・2・3・4の中から1つ選んでください。

(36) 今、よじです。
　　　 1　六時　　　　　 2　四時　　　　　 3　七時　　　　　 4　十時

(37) らいねん、日本へ行きます。
　　　 1　今年　　　　　 2　今週　　　　　 3　来年　　　　　 4　来週

(38) おとこの人がいます。
　　　 1　女　　　　　　 2　店　　　　　　 3　駅　　　　　　 4　男

(39) あちらのやまを見てください。
　　　 1　山　　　　　　 2　川　　　　　　 3　道　　　　　　 4　木

(40) みみがつめたいです。
　　　 1　手　　　　　　 2　足　　　　　　 3　耳　　　　　　 4　口

B　次の漢字の読み方を１・２・３・４・５・６の中から１つ選んでください。

(41)　たんじょう日は、八月九日です。
　　　1　ここのか　　　　2　なのか　　　　3　よっか　　　　4　ついたち
　　　5　みっか　　　　　6　はつか

(42)　これは、二千円です。
　　　1　ごひゃく　　　　2　ごせん　　　　3　ごまん　　　　4　にひゃく
　　　5　にせん　　　　　6　にまん

(43)　つくえの上にかばんがあります。
　　　1　した　　　　　　2　ひだり　　　　3　うえ　　　　　4　よこ
　　　5　みぎ　　　　　　6　うしろ

(44)　あおい空を見ました。
　　　1　うみ　　　　　　2　かさ　　　　　3　くるま　　　　4　とり
　　　5　はな　　　　　　6　そら

(45)　このつくえは、長いです。
　　　1　ちいさい　　　　2　ながい　　　　3　たかい　　　　4　やすい
　　　5　きたない　　　　6　しろい

4 短文作成問題

例のように３つの言葉をならべて、ただしい文を作ってください。
１・２・３・４・５・６の中からいちばんいいものを１つ選んでください。

（例）

これは、【　1．という　　2．てんぷら　　3．りょうり　】です。

1　1→2→3　　2　1→3→2　　3　2→1→3　　4　2→3→1
5　3→1→2　　6　3→2→1

ただしい文は、「てんぷら　→　という　→　りょうり」です。
いちばんいいものは「3」です。

| れい | ① | ② | ● | ④ | ⑤ | ⑥ |

---

(46)
林さんの【　1．谷さんの　　2．いえの　　3．となりに　】いえがあります。

1　1→2→3　　2　1→3→2　　3　2→1→3　　4　2→3→1
5　3→1→2　　6　3→2→1

(47)
こうえんで【　1．テニス　　2．2かい　　3．1か月に　】をします。

1　1→2→3　　2　1→3→2　　3　2→1→3　　4　2→3→1
5　3→1→2　　6　3→2→1

(48)

日本で【　1．たかい　　2．たてものは　　3．いちばん　】、何ですか。

　　1　1→2→3　　　2　1→3→2　　　3　2→1→3　　　4　2→3→1
　　5　3→1→2　　　6　3→2→1

(49)

リーさんがへやの【　1．かけた　　2．かぎを　　3．か　】かけなかったか、
わかりません。

　　1　1→2→3　　　2　1→3→2　　　3　2→1→3　　　4　2→3→1
　　5　3→1→2　　　6　3→2→1

(50)

わたしのしごとは、
デパートで【　1．さかなを　　2．こと　　3．うる　】です。

　　1　1→2→3　　　2　1→3→2　　　3　2→1→3　　　4　2→3→1
　　5　3→1→2　　　6　3→2→1

J.TEST

実用日本語検定

┌─────────────────┐
│ 聴 解 試 験 │
│ ちょう かい し けん │
└─────────────────┘

1	写真問題	問題	1 〜 4
2	聴読解問題	問題	5 〜 7
3	応答問題	問題	8 〜 21
4	会話・説明問題	問題	22 〜 31

1 写真問題 しゃしんもんだい （問題1〜4）もんだい

例題 れいだい

れい ● ② ③ ④ （答えは解答用紙にマークしてください）こた かいとうようし

A 問題1 もんだい

B　問題2

C　問題3

D　問題4

2 聴読解問題 (問題5〜7)

例題

① ② ③ ④

れい　① ② ③ ●　（答えは解答用紙にマークしてください）

E　問題5

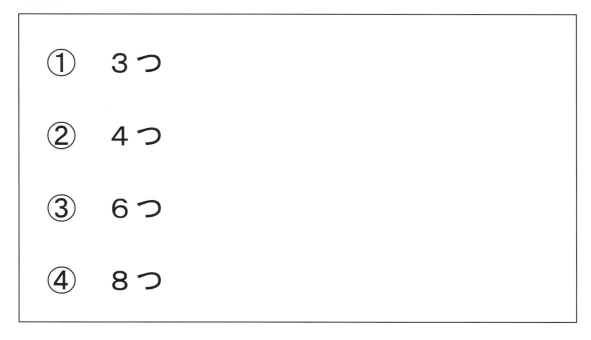

① 3つ

② 4つ

③ 6つ

④ 8つ

F　問題6

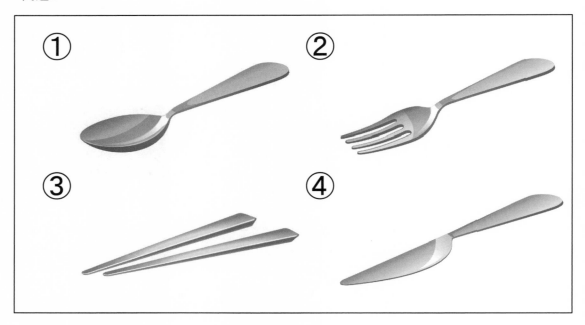

G　問題7

じこくひょう				
すみれ えき	⇒	さつき えき	⇒	つつじ えき
① 9:36	⇒	⇒	⇒	9:43
② 9:37	⇒	9:42	⇒	9:49
③ 9:53	⇒	9:58	⇒	10:05
④ 10:00	⇒	10:05	⇒	10:12

3 応答問題 (問題8〜21)

(問題だけ聞いて答えてください。)

例題1	→	れい	● ② ③
例題2	→	れい	① ● ③

(答えは解答用紙にマークしてください)

問題 8
問題 9
問題10
問題11
問題12
問題13
問題14
問題15
問題16
問題17
問題18
問題19
問題20
問題21

メモ (MEMO)

4 会話・説明問題 (問題22〜31)

例題	1　みみがいたいですから
	2　あたまがいたいですから
	3　はがいたいですから

れい ① ● ③　（答えは解答用紙にマークしてください）

1

問題22　1　ジュースを飲みます。
　　　　2　カレーを食べます。
　　　　3　アイスクリームを食べます。

問題23　1　ジュースとカレーは、いっしょに来ます。
　　　　2　カレーとアイスクリームは、いっしょに来ます。
　　　　3　アイスクリームとジュースは、いっしょに来ます。

2

問題24　1　トイレへ行きます。
　　　　2　東京えきまであるきます。
　　　　3　おべんとうを買います。

問題25　1　10分です。
　　　　2　20分です。
　　　　3　30分です。

3

問題26　1　1回です。

　　　　2　2回です。

　　　　3　3回です。

問題27　1　じぶんの国で、ゆきを見ました。

　　　　2　今、インドネシアにいます。

　　　　3　日本に3ねんかんすんでいます。

4

問題28　1　コンビニです。

　　　　2　こうばんです。

　　　　3　本やです。

問題29　1　まっすぐ行きます。

　　　　2　ひだりにまがります。

　　　　3　こうさてんをわたります。

5

問題30　1　スポーツがきらいです。

　　　　2　テレビでテニスを見ます。

　　　　3　サッカーがじょうずです。

問題31　1　テニスがすきじゃありません。

　　　　2　こうえんでサッカーをします。

　　　　3　スキーができます。

おわり

実用日本語検定

TEST OF PRACTICAL JAPANESE

J.TEST

受験番号		なまえ	

注　意

1　試験が始まるまで、この問題用紙を開けないでください。

2　この問題用紙は、２３ページあります。

日本語検定協会／Ｊ．ＴＥＳＴ事務局

J.TEST

実用日本語検定

読 解 試 験

1 文法・語彙問題

A 次の文の（ 　　 ）に1・2・3・4の中からいちばんいいものを入れてください。

（1） A：「すみません。じしょは、どこにありますか」
　　　 B：「（ 　　 ）本だなにあります」
　　　 1　あそこ　　　　2　あちら　　　　3　そちらの　　　4　こんなの

（2） A：「このかばんは、（ 　　 ）ですか」
　　　 B：「8,000円です」
　　　 1　なぜ　　　　　2　いくら　　　　3　いつ　　　　　4　どなた

（3） 今、わたしは、おかね（ 　　 ）ほしいです。
　　　 1　へ　　　　　　2　の　　　　　　3　か　　　　　　4　が

（4） 12時のでんしゃ（ 　　 ）のりました。
　　　 1　に　　　　　　2　が　　　　　　3　と　　　　　　4　を

（5） A：「からいりょうりは、きらいですか」
　　　 B：「いいえ、（ 　　 ）ありません」
　　　 1　きらいは　　　2　きらいには　　3　きらいでは　　4　きらいだは

（6） この飲みものは、からだを（ 　　 ）します。
　　　 1　つよい　　　　2　つよく　　　　3　つよかった　　4　つよくて

（7） わたしは、まだ、すこし（ 　　 ）かんじをしりません。
　　　 1　しか　　　　　2　より　　　　　3　のは　　　　　4　から

（8） こまりました。さいふがどこ（ 　　 ）ありません。
　　　 1　では　　　　　2　にも　　　　　3　でも　　　　　4　のを

（9） （ 　　 ）まえに、はをみがきます。
　　　 1　ねた　　　　　2　ねて　　　　　3　ねない　　　　4　ねる

（10） このへやに（ 　　 ）ないでください。
　　　 1　入ら　　　　　2　入り　　　　　3　入る　　　　　4　入った

B　次の文の（　　　）に１・２・３・４の中からいちばんいいものを入れてください。

(11)　11月15日から18日まで、（　　　）間、休みます。
　　　1　ふつか　　　　　2　なのか　　　　　3　むいか　　　　　4　よっか

(12)　ボールペンを10（　　　）買います。
　　　1　ぴき　　　　　　2　ぽん　　　　　　3　まい　　　　　　4　だい

(13)　アンナさんは、あかい（　　　）をはいています。
　　　1　しんごう　　　　2　おさら　　　　　3　くつした　　　　4　ぶたにく

(14)　はしがありませんから、（　　　）で食べます。
　　　1　フォーク　　　　2　ニュース　　　　3　タクシー　　　　4　セーター

(15)　きのうは、あつかったですが、きょうは、（　　　）ですね。
　　　1　うるさい　　　　2　あまい　　　　　3　わかい　　　　　4　すずしい

(16)　リンダさんは、よくギターを（　　　）。
　　　1　ひきます　　　　2　とります　　　　3　おします　　　　4　けします

(17)　（　　　）をかけて、本を読みます。
　　　1　もん　　　　　　2　いろ　　　　　　3　めがね　　　　　4　しお

(18)　よるの学校は、だれもいなくて、（　　　）です。
　　　1　へた　　　　　　2　じょうぶ　　　　3　りっぱ　　　　　4　しずか

(19)　3時（　　　）に、電話がありました。
　　　1　など　　　　　　2　すぎ　　　　　　3　じゅう　　　　　4　ずつ

(20)　あねは、ぎんこうに（　　　）います。
　　　1　すわって　　　　2　なくして　　　　3　つとめて　　　　4　あらって

C　次の文の＿＿＿＿とだいたい同じ意味のものを１・２・３・４の中から選んでください。

(21)　たまごがみっつあります。
　　　１　はっこ　　　　　　　　　　　２　きゅうこ
　　　３　さんこ　　　　　　　　　　　４　よんこ

(22)　いもうとさんは、どのかたですか。
　　　１　どの人ですか　　　　　　　　２　どこにいますか
　　　３　何人いますか　　　　　　　　４　何さいですか

(23)　岡田さんのおとうさんのおとうとは、けいかんです。
　　　１　おばあさん　　　　　　　　　２　おじさん
　　　３　おじいさん　　　　　　　　　４　おばさん

(24)　あしたは、ひまじゃありません。
　　　１　休みです　　　　　　　　　　２　いそがしいです
　　　３　天気がいいです　　　　　　　４　でかけます

(25)　毎日、さんぽします。
　　　１　あるきます　　　　　　　　　２　およぎます
　　　３　べんきょうします　　　　　　４　そうじします

2 読解問題

問題　1

次の話を読んで、問題に答えてください。
答えは1・2・3・4の中からいちばんいいものを1つ選んでください。

　　わたしのいえは、うみがちかいです。2かいのまどのむこうは、うみです。ホテルやレ

ストランが、ちかくにあります。なつは、人が多くて、にぎやかですが、ふゆは、人が少

ないです。ちかくのレストランへは、あまり行きません。たかいですから。わたしは、よ

くうみへ行って、つりをします。ときどき、駅のほうへ行って買いものもします。でも、

駅は、すこしとおいです。

---

(26)　「わたし」は、よく何をしますか。
　　　1　レストランへ行きます。
　　　2　つりをします。
　　　3　駅へ行きます。
　　　4　うみでおよぎます。

(27)　話とあっているのは、どれですか。
　　　1　いえのちかくは、いつも人がおおぜいいます。
　　　2　「わたし」は、ふゆに、あまりうみへ行きません。
　　　3　ちかくのレストランのりょうりは、やすくないです。
　　　4　「わたし」は、ときどきうみのちかくで買いものをします。

問題　2

次の話を読んで、問題に答えてください。
答えは１・２・３・４の中からいちばんいいものを１つ選んでください。

　きのうは、森元さんととしょかんへ行きました。としょかんは、日本に来てからはじめてでした。国で、小さいまちにすんでいましたから、としょかんも小さかったです。わたしは、森元さんに「大きいとしょかんですね」と言いましたが、森元さんは、「ここは、ふつうです」と言いました。わたしは、そこでいろいろな本を見ました。やさしい日本語の本を読みました。えやしゃしんもありましたから、すこしわかりました。わたしの国のことばの本も、ありました。わたしは、森元さんに「また来たいです」と言いました。

---

(28)　きのう「わたし」は、はじめて何をしましたか。
　　　１　はじめて日本のとしょかんへ行きました。
　　　２　はじめて森元さんに会いました。
　　　３　はじめて日本へ来ました。
　　　４　はじめて日本語の本を読みました。

(29)　「わたし」について、話とあっているのは、どれですか。
　　　１　国で、よく大きいとしょかんに行きました。
　　　２　日本で、小さいまちにすんでいます。
　　　３　としょかんがいやになりました。
　　　４　やさしい日本語の本が、すこしわかりました。

問題　3

次の話とA～Cを読んで、問題に答えてください。
答えは1・2・3・4の中からいちばんいいものを1つ選んでください。

工藤さんは、かぜをひいて、びょういんへ行きました。これは、工藤さんのくすりです。

A		あさ・⦿ひる・ばん	ひるごはんの2時間くらいあとで、ひとつ飲んでください。
B		~~あさ・ひる・ばん~~	あたまがいたいとき、ひとつ飲んでください。1日2回までです。
C		⦿あさ・⦿ひる・⦿ばん	しょくじのあとすぐ、ふたつ飲んでください。

---

(30)　工藤さんは、Cのくすりを、1日に何回、飲みますか。

　　1　1回です。

　　2　2回です。

　　3　3回です。

　　4　6回です。

(31)　工藤さんのくすりについて、A～Cとあっているのは、どれですか。

　　1　ひるごはんのあとすぐ、Aのくすりを飲みます。

　　2　あたまがいたい日は、あさも、ひるも、よるも、Bのくすりを飲みます。

　　3　あさ、おきてすぐ、Cのくすりを飲みます。

　　4　AのくすりとCのくすりは、いっしょに飲みません。

問題 4

次のメールを読んで、問題に答えてください。
答えは1・2・3・4の中からいちばんいいものを1つ選んでください。

これは、ラモスさんと野田さんのメールです。

（ラモスさんが書いたメール）

> 野田さん、きのうは、ありがとうございました。
> パーティーは、たのしかったです。

（野田さんが書いたメール）

> それは、よかったです。
> また、うちに来てください。

> はい。りょうりがおいしかったですから、
> また、食べたいです。

> あ、ラモスさん、あおいぼうしを
> かぶっていませんでしたか。

> はい。

> そのぼうし、ここにありますよ。
> とりに来てください。

> あっ、すみません！　ぼうしをわすれました。
> 今から、行ってもいいですか。

> ええ。まっています。

---

(32)　ラモスさんは、きのう何をしましたか。

　　　1　野田さんのうちへ行きました。

　　　2　じぶんのうちでパーティーをしました。

　　　3　野田さんといっしょに出かけました。

　　　4　りょうりをして、野田さんと食べました。

(33)　ラモスさんは、このあと何をしますか。

　　　1　あおいぼうしを買います。

　　　2　あおいぼうしをかぶります。

　　　3　あおいぼうしをかえします。

　　　4　あおいぼうしをとりに行きます。

問題　5

次の話を読んで、問題に答えてください。
答えは1・2・3・4の中からいちばんいいものを1つ選んでください。

　おととい、永井さんと松茂山にのぼりました。さいしょは、道を見て、あるきました。でも、だんだん右や左の木がきれいになりましたから、わたしは、(ア)それを見ながら山をのぼりました。1時間くらいのぼって、いちばん上に着きました。山のいちばん上から下を見ました。とてもきれいでした。わたしたちは、そこでおべんとうを食べました。たくさんあるいたあとで食べましたから、いつものおべんとうよりも、ずっとおいしかったです。食べてから、しゃしんをとったり、話をしたりしましたが、ちょっとさむくなりましたから、山をおりました。永井さんは、「おりるときは、あぶないですから、ゆっくり行きましょう」と言いました。のぼったときより、おりるときのほうがたいへんで、ゆっくりおりましたから、(イ)時間がかかりました。山の入り口のそばに、おんせんがありましたから、わたしたちは、おふろに入りました。からだがあたたかくなりました。松茂山は、春もきれいだと聞きました。また行きたいです。

---

(34)　(ア)「それ」は、何ですか。
1　山の下です。
2　道です。
3　きれいな木です。
4　いちばん上です。

(35)　どうして(イ)「時間がかかりました」か。
1　しゃしんをとったり、話をしたりしましたから
2　のぼったときより、ゆっくりあるきましたから
3　山の入り口のそばでおふろに入りましたから
4　山のいちばん上でおべんとうを食べましたから

3　漢字問題

A　次のひらがなの漢字を1・2・3・4の中から1つ選んでください。

(36)　わたしのたんじょう日は、にがつじゅうはち日です。
　　　1　九月　　　　　2　四月　　　　　3　二月　　　　　4　五月

(37)　今、ごまん円、もっています。
　　　1　千　　　　　　2　百　　　　　　3　十　　　　　　4　万

(38)　にしのほうから、かぜがふきます。
　　　1　北　　　　　　2　西　　　　　　3　東　　　　　　4　南

(39)　そこにみせがあります。
　　　1　川　　　　　　2　店　　　　　　3　車　　　　　　4　花

(40)　このねこは、みみが小さいです。
　　　1　耳　　　　　　2　手　　　　　　3　足　　　　　　4　目

B　次の漢字の読み方を１・２・３・４・５・６の中から１つ選んでください。

(41)　土よう日は、しごとがあります。
　　　１　きん　　　　　２　げつ　　　　　３　ど　　　　　４　すい
　　　５　か　　　　　　６　もく

(42)　こんげつは、本を三さつ読みました。
　　　１　ろく　　　　　２　いっ　　　　　３　なな　　　　　４　よん
　　　５　さん　　　　　６　はつ

(43)　あの人は、佐藤さんのお母さんです。
　　　１　おかあさん　　２　おこさん　　　３　おにいさん　　４　おばさん
　　　５　おとうさん　　６　おねえさん

(44)　ここは、雨が多いです。
　　　１　かわ　　　　　２　いえ　　　　　３　ゆき　　　　　４　あめ
　　　５　とり　　　　　６　さかな

(45)　このふくは、古いです。
　　　１　みじかい　　　２　あたらしい　　３　きたない　　　４　しろい
　　　５　くろい　　　　６　ふるい

4 短文作成問題

例のように３つの言葉をならべて、ただしい文を作ってください。
１・２・３・４・５・６の中からいちばんいいものを１つ選んでください。

（例）

これは、【　１．という　　２．てんぷら　　３．りょうり　】です。

　　１　　１→２→３　　　２　　１→３→２　　　３　　２→１→３　　　４　　２→３→１
　　５　　３→１→２　　　６　　３→２→１

ただしい文は、「てんぷら　→　という　→　りょうり」です。
いちばんいいものは「３」です。

| れい | ① | ② | ● | ④ | ⑤ | ⑥ |

---

(46)

スーパーで【　１．買いました　　２．くだものを　　３．すきな　】。

　　１　　１→２→３　　　２　　１→３→２　　　３　　２→１→３　　　４　　２→３→１
　　５　　３→１→２　　　６　　３→２→１

(47)

おなじ【　１．大阪　　２．くにの　　３．ともだちと　】へ行きました。

　　１　　１→２→３　　　２　　１→３→２　　　３　　２→１→３　　　４　　２→３→１
　　５　　３→１→２　　　６　　３→２→１

(48)

駅の前の【　1．週に　　2．いちど　　3．きょうしつで　】えいごをならいます。

　　1　1→2→3　　　2　1→3→2　　　3　2→1→3　　　4　2→3→1
　　5　3→1→2　　　6　3→2→1

(49)

よるですね。もう【　1．おそいです　　2．かえります　　3．から　】。

　　1　1→2→3　　　2　1→3→2　　　3　2→1→3　　　4　2→3→1
　　5　3→1→2　　　6　3→2→1

(50)

【　1．つかわないで　　2．さとうを　　3．やさいの　】おかしをつくりました。

　　1　1→2→3　　　2　1→3→2　　　3　2→1→3　　　4　2→3→1
　　5　3→1→2　　　6　3→2→1

J.TEST

実用日本語検定

<ruby>聴<rt>ちょう</rt></ruby><ruby>解<rt>かい</rt></ruby> <ruby>試<rt>し</rt></ruby><ruby>験<rt>けん</rt></ruby>

1 写真問題 <ruby>しゃしんもんだい<rt></rt></ruby> （問題1〜4）

例題

| れい | ● ② ③ ④ | （答えは解答用紙にマークしてください） |

A　問題1

B 問題2

C 問題3

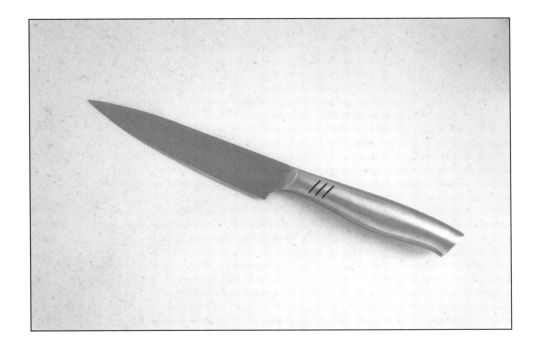

D 問題4

2 聴読解問題 (問題5〜7)

例題

① ② ③ ④

れい | ① ② ③ ●　(答えは解答用紙にマークしてください)

E 問題5

① 11時

② 12時

③ 5時

④ 5時半

F　問題6

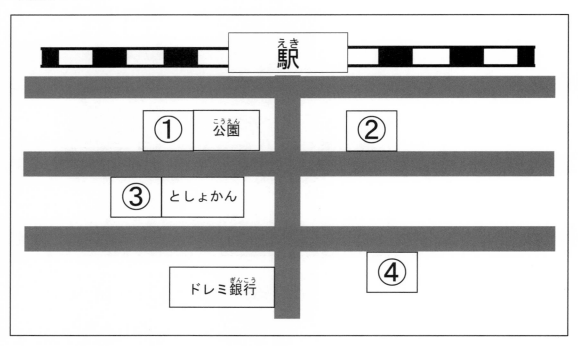

G　問題7

3 応答問題 (問題8~21)

(問題だけ聞いて答えてください。)

例題1	→	れい	● ② ③
例題2	→	れい	① ● ③

(答えは解答用紙にマークしてください)

問題 8

問題 9

問題10

問題11

問題12

問題13

問題14

問題15

問題16

問題17

問題18

問題19

問題20

問題21

メモ (MEMO)

4 会話・説明問題 （問題22〜31）

例題

1　みみがいたいですから

2　あたまがいたいですから

3　はがいたいですから

れい　① ● ③　（答えは解答用紙にマークしてください）

1

問題22　1　かぞくのいえへかえりました。

2　さかなをりょうりしました。

3　女の人とりょこうしました。

問題23　1　おかしを買います。

2　うみへ行きます。

3　しゃしんを見ます。

2

問題24　1　ふゆのふくです。

2　なつのふくです。

3　テーブルです。

問題25　1　べんきょうをします。

2　ごはんを食べます。

3　飲みものを飲みます。

問題26　1　くすりのみせですが、たべものも売っています。

　　　　2　ラーメンやですが、コーヒーもあります。

　　　　3　かさを売っていません。

問題27　1　みせでかさを買います。

　　　　2　みせのかさをかります。

　　　　3　じぶんのかさをさして、かえります。

問題28　1　あしたのよるです。

　　　　2　あさってのあさです。

　　　　3　あさってのよるです。

問題29　1　ほっかいどうに電話します。

　　　　2　かみにまるを書きます。

　　　　3　にもつになまえを書きます。

問題30　1　きょうしつです。

　　　　2　駅です。

　　　　3　学校と駅の間です。

問題31　1　いえへかえります。

　　　　2　ノートを買います。

　　　　3　グエンさんにノートをわたします。

おわり

第1回 J.TEST実用日本語検定（F-Gレベル）
正解とスクリプト

■ 読解問題　175点

《 文法・語彙問題 》 各3点 （75点）			《 読解問題 》 各5点 （50点）	《漢字問題》 各3点 （30点）		《短文作成問題》 各4点（20点）
1) 2	11) 4	21) 4	26) 2	36) 3	41) 4	46) 2
2) 3	12) 3	22) 2	27) 4	37) 2	42) 1	47) 4
3) 4	13) 2	23) 1	28) 1	38) 4	43) 2	48) 6
4) 2	14) 4	24) 3	29) 3	39) 2	44) 6	49) 5
5) 1	15) 2	25) 1	30) 4	40) 1	45) 3	50) 3
6) 4	16) 1		31) 3			
7) 3	17) 3		32) 2			
8) 1	18) 1		33) 1			
9) 3	19) 2		34) 3			
10) 4	20) 4		35) 1			

■ 聴解問題　175点

《写真問題》 各5点（20点）	《聴読解問題》 各5点（15点）	《 応答問題 》 各5点（70点）	《 会話・説明問題 》 各7点（70点）
1) 2	5) 4	8) 2	22) 3
2) 4	6) 1	9) 3	23) 2
3) 1	7) 2	10) 1	24) 2
4) 3		11) 1	25) 3
		12) 3	26) 1
		13) 2	27) 3
		14) 1	28) 3
		15) 3	29) 1
		16) 2	30) 1
		17) 3	31) 2
		18) 1	
		19) 2	
		20) 1	
		21) 3	

写真問題

例題の写真を見てください。
例題　これは、何ですか。
1　コップです。
2　いすです。
3　ノートです。
4　えんぴつです。

いちばんいいものは 1 です。ですから、
例のように 1 をマークします。

Aの写真を見てください。
問題 1　これは、何ですか。
1　ボールペンです。
2　かさです。
3　シャツです。
4　じしょです。

Bの写真を見てください。
問題 2　ここは、どこですか。
1　ホテルです。
2　こうばんです。
3　やおやです。
4　ほんやです。

Cの写真を見てください。
問題 3　いくつありますか。
1　二つです。
2　四つです。
3　五つです。
4　六つです。

Dの写真を見てください。
問題 4　何をしていますか。
1　せんたくしています。
2　はをみがいています。
3　おさらをあらっています。
4　シャワーをあびています。

聴読解問題

例題を見てください。
男の人と女の人が話しています。

問題　男の人のかばんは、どれですか。
――――――――――――――――――――
男：わたしのかばんは、くろくて、大きいです。
女：これですか。
男：ええ、そうです。
――――――――――――――――――――
問題　男の人のかばんは、どれですか。

いちばんいいものは 4 です。ですから、
例のように 4 をマークします。

Eを見てください。
女の人と男の人が話しています。

問題 5　テストの日は、いつですか。
――――――――――――――――――――
女：先生、2 月もテストがありますか。
男：はい。8 日ですよ。
女：2 月 4 日ですね。
男：いいえ、8 日です。
――――――――――――――――――――
問題 5　テストの日は、いつですか。

Fを見てください。
女の人と男の人が話しています。

問題 6　ぎんこうは、どこですか。
――――――――――――――――――――
女：すみません。ぎんこうは、どこですか。
男：こうえんの前です。
女：としょかんのとなりですか。
男：いいえ、ゆうびんきょくのとなりです。
女：ああ、わかりました。どうも。
――――――――――――――――――――
問題 6　ぎんこうは、どこですか。

Gを見てください。
男の人と女の人が電話で話しています。

問題7　女の人は、これから何で駅へ行きますか。
ーーーーーーーーーーーーーーーーーーーー
男：アンナさん、きょうは、ぼくの車で海へ行きませ
　　んか。
女：いいですね。でも、わたしは、電車で行きたいで
　　す。
男：そうですか。でも、アンナさんのうちから駅まで、
　　ちょっととおいでしょう？
女：だいじょうぶです。うちに、じてん車があります
　　から。
男：わかりました。じゃあ、あとで駅で会いましょう。
ーーーーーーーーーーーーーーーーーーーー
問題7　女の人は、これから何で駅へ行きますか。

例題1　おはようございます。
1　おはようございます。
2　おやすみなさい。
3　さようなら。

例題2　おしごとは？
　　　　－かいしゃいんです。
1　わたしもかいしゃいんじゃありません。
2　わたしもかいしゃいんです。
3　わたしもいしゃです。

いちばんいいものは、例題1は1、例題2は2です。
ですから、例題1は1を、例題2は2を例のように
マークします。

問題8　あの人は、だれですか。
1　はい、そうです。
2　わたしのおとうとです。
3　パクさんのです。

問題9　ここから会社まで、どれくらいですか。
1　3かい行きました。
2　バスがあります。
3　500メートルくらいです。

問題10　ワインは、すきですか。
1　いいえ、ぜんぜん。
2　はい、ワインです。
3　のみませんでした。

問題11　このじは、かたかなですか、かんじですか。
1　かんじです。
2　いいえ、ちがいます。
3　いいえ、かたかなです。

問題12　はじめまして。どうぞよろしく。
1　いただきます。
2　また、あした。
3　こちらこそ。

問題13　あさですよ。おきてください。
1　もうすこし、あそびたいです。
2　もうすこし、ねたいです。
3　もうすこし、あるきたいです。

問題１４　おしごとは、どうですか。
1　いそがしいです。
2　べんりです。
3　ふといです。

問題１５　どうぞ、すわってください。
1　はい、どうぞ。
2　どうしてすわりましたか。
3　では、しつれいします。

問題１６　いえでおんがくを聞きますか。
1　はい、おおぜい。
2　はい、ときどき。
3　はい、もっと。

問題１７　りょうりは、おいしかったですか。
1　ええ。どういたしまして。
2　ええ。ごめんください。
3　ええ。ごちそうさまでした。

問題１８　つかれましたね。
1　ええ。休みましょう。
2　ええ。だれも休みませんよ。
3　ええ。休まないでください。

問題１９　あたらしいへやを見に行きました。
　　　　　ーどうでしたか。
1　それは、見ませんでした。
2　ちょっとせまかったです。
3　いいえ、へやでした。

問題２０　きょうは、にもつがおおいです。
　　　　　ーじゃ、タクシーで行きましょうか。
1　ええ、それがいいですね。
2　ええ、行きたくないです。
3　ええ、もういいです。

問題２１　ケンさんは、どこですか。
　　　　　ーたぶんだいどころですよ。
1　どんなところですか。
2　わたしもしりません。
3　えっ、いませんでしたよ。

「＊」の部分は録音されていません。

例題
ーーーーーーーーーーーーーーーーーーーー
女：すみません。あたまがいたいですから、
　　きょうはかえります。
男：わかりました。
ーーーーーーーーーーーーーーーーーーーー
問題　女の人は、どうしてかえりますか。
＊1　みみがいたいですから
＊2　あたまがいたいですから
＊3　はがいたいですから

いちばんいいものは２です。
ですから、例のように２をマークします。

1　男の人と女の人の会話を聞いてください。
ーーーーーーーーーーーーーーーーーーーー
男：日よう日、どこか行きましたか。
女：いいえ、どこも行きませんでした。いえで本を
　　読みました。ウェイさんは？
男：わたしは、あにと出かけました。買いものをし
　　て、それから、ふたりでやきゅうを見ました。
女：そうですか。
ーーーーーーーーーーーーーーーーーーーー
問題２２　女の人は、日よう日、何をしましたか。
＊1　買いものをしました。
＊2　やきゅうを見ました。
＊3　本を読みました。

問題２３　男の人は、だれとやきゅうを見ましたか。
＊1　おとうさんです。
＊2　おにいさんです。
＊3　おねえさんです。

2　男の人の話を聞いてください。
ーーーーーーーーーーーーーーーーーーーー
男：わたしのいえは小さいまちにあります。ちかく
　　にみせがありませんから、よく大きいまちへ行
　　きます。きょうは、母とバスで大きいまちに来
　　ました。母は、午前中びょういんへ行きまし
　　た。わたしは、くつを買いました。そして、ひ
　　るにいっしょにカレーを食べました。このあ
　　と、母はうちへかえりますが、わたしは、友だ
　　ちとえいがを見てから、かえります。
ーーーーーーーーーーーーーーーーーーーー

問題２４　男の人のお母さんは、午前中、どこへ行き
　　　　　ましたか。
＊１　くつやです。
＊２　びょういんです。
＊３　カレーやです。

問題２５　男の人は、このあとまず、何をしますか。
＊１　うちへかえります。
＊２　ごはんを食べます。
＊３　えいがを見ます。

3　女の人の話を聞いてください。
ーーーーーーーーーーーーーーーーーーーー
女：わたしのうちには、いぬがいます。なまえは、ピ
　　カソです。白くて、小さいいぬです。ピカソは、
　　15年前にうちに来ました。そのときわたしは、３
　　さいでした。わたしは、ピカソといっしょに大き
　　くなりました。今、わたしは大学生です。ピカソ
　　は、としをとりましたから、あまりげんきじゃあ
　　りません。でも、わたしがいえにかえったときは、
　　げんかんまであるいて来ます。
ーーーーーーーーーーーーーーーーーーーー

問題２６　いぬは、いつ、女の人のうちに来ました
　　　　　か。
＊１　15年前です。
＊２　3年前です。
＊３　ことしです。

問題２７　女の人について、話と合っているのは、
　　　　　どれですか。
＊１　げんきじゃありません。
＊２　せがひくいです。
＊３　今、大学生です。

4 デパートで、女の人と男の人が話しています。この会話を聞いてください。

――――――――――――――――――――

女：わたしのふくも、ジョンさんのめがねも、買いましたね。おひるごはんを食べましょう。

男：あ、その前にぼくは、3がいのとけいやに行きたいです。

女：そうですか。じゃ、わたしは、1かいにさいふを見に行きますね。

男：じゃ、1時半に6かいのレストランで会いましょう。

女：わかりました。

――――――――――――――――――――

問題28　男の人は、このあとまず、どこへ行きますか。

＊1　めがねやです。

＊2　レストランです。

＊3　とけいやです。

問題29　女の人は、このあとまず、何がいへ行きますか。

＊1　1かいです。

＊2　3がいです。

＊3　6かいです。

5 男の人と女の人が、友だちをまっています。この会話を聞いてください。

――――――――――――――――――――

男：リンさん、おそいですね。リンさんは、ここをしっていますよね。

女：ええ。ちかてつにのるとき、いつもこのカフェの外で会いますから。

男：そうですか。きょうは、さむいですね。外じゃなくて、中でまちませんか。リンさんには、ぼくが電話して言いますよ。

女：でも、もう来ると思います。あ、そうだ。わたしがこのカフェであたたかい飲みものを買ってきましょう。

男：ありがとうございます。

女：何がいいですか。

男：じゃ、コーヒーを。

――――――――――――――――――――

問題30　ふたりは、今、どこにいますか。

＊1　カフェの外です。

＊2　ちかてつの中です。

＊3　カフェの中です。

問題31　女の人は、このあと何をしますか。

＊1　コーヒーを飲みます。

＊2　飲みものを買います。

＊3　リンさんに電話をします。

これで聞くテストをおわります。

第2回 J.TEST実用日本語検定（F−Gレベル）
正解とスクリプト

■ 読解問題　175点

《 文法・語彙問題 》 各３点（75点）			《 読解問題 》 各５点（50点）	《漢字問題》 各３点（30点）		《短文作成問題》 各４点（20点）
1)　2	11)　1	21)　3	26)　2	36)　4	41)　3	46)　5
2)　1	12)　3	22)　2	27)　3	37)　2	42)　6	47)　4
3)　3	13)　4	23)　4	28)　1	38)　1	43)　4	48)　2
4)　4	14)　3	24)　1	29)　4	39)　2	44)　2	49)　3
5)　2	15)　1	25)　2	30)　2	40)　3	45)　5	50)　6
6)　3	16)　1		31)　4			
7)　1	17)　3		32)　1			
8)　3	18)　4		33)　2			
9)　2	19)　2		34)　3			
10)　4	20)　2		35)　4			

■ 聴解問題　175点

《写真問題》 各５点（20点）	《聴読解問題》 各５点（15点）	《 応答問題 》 各５点（70点）	《 会話・説明問題 》 各７点（70点）
1)　2	5)　3	8)　3	22)　1
2)　3	6)　1	9)　2	23)　2
3)　1	7)　4	10)　2	24)　3
4)　4		11)　3	25)　2
		12)　1	26)　1
		13)　3	27)　3
		14)　1	28)　2
		15)　3	29)　3
		16)　1	30)　3
		17)　2	31)　1
		18)　1	
		19)　2	
		20)　1	
		21)　3	

写真問題

例題の写真を見てください。
例題　これは、何ですか。
1　コップです。
2　いすです。
3　ノートです。
4　えんぴつです。

いちばんいいものは1です。ですから、
例のように1をマークします。

Aの写真を見てください。
問題1　これは、何ですか。
1　くつです。
2　さいふです。
3　とけいです。
4　つくえです。

Bの写真を見てください。
問題2　ここは、どこですか。
1　げんかんです。
2　かいだんです。
3　おふろです。
4　にわです。

Cの写真を見てください。
問題3　これで、何をしますか。
1　カレーを食べます。
2　ジュースを飲みます。
3　やさいをきります。
4　おかしを買います。

Dの写真を見てください。
問題4　何をしていますか。
1　べんきょうです。
2　やきゅうです。
3　サッカーです。
4　スキーです。

例題を見てください。
男の人と女の人が話しています。

問題　男の人のかばんは、どれですか。
——————————————————
男：わたしのかばんは、くろくて、大きいです。
女：これですか。
男：ええ、そうです。
——————————————————
問題　男の人のかばんは、どれですか。

いちばんいいものは4です。ですから、
例のように4をマークします。

Eを見てください。
男の人と女の人が話しています。

問題5　女の人のアルバイトは、何時までですか。
——————————————————
男：アルバイトは何時からですか。
女：9時からです。
男：何時までですか。
女：12時半です。
男：ああ、12時までですか。
女：いいえ、12時半です。3時間半、はたらきます。
——————————————————
問題5　女の人のアルバイトは、何時までですか。

Fを見てください。
女の人と男の人が話しています。

問題6　タマルさんは、どれですか。
——————————————————
女：そのしゃしん、タマルさんのかぞくですか。
男：そうです。ふるいしゃしんです。
女：タマルさんも、いますか。
男：ええ、いますよ。わかりますか。
女：いちばん右の男の子ですか。
男：いいえ、それはあにです。いちばん小さいのが、
　　わたしです。
——————————————————
問題6　タマルさんは、どれですか。

Gを見てください。
店で女の人と男の人が話しています。

問題7　男の人は、どのカレンダーを買いますか。
ーーーーーーーーーーーーーーーーーーーーーーー
女：あ、カレンダー、売っていますね。わたし、あた
　　らしいカレンダーがほしいです。
男：いろいろありますね。どれがすきですか。
女：あれがいいです。
男：しゃしんのカレンダーですか。
女：いいえ、ちがいます。あれです。テーブルにおい
　　てつかいたいですから。
男：じゃあ、わたしが買って、プレゼントします。
女：ありがとうございます。
ーーーーーーーーーーーーーーーーーーーーーーー
問題7　男の人は、どのカレンダーを買いますか。

応答問題

例題1　おはようございます。
1　おはようございます。
2　おやすみなさい。
3　さようなら。

例題2　おしごとは？
　　　　ーかいしゃいんです。
1　わたしもかいしゃいんじゃありません。
2　わたしもかいしゃいんです。
3　わたしもいしゃです。

いちばんいいものは、例題1は1、例題2は2です。
ですから、例題1は1を、例題2は2を例のように
マークします。

問題8　何でてがみを書きますか。
1　ニュースです。
2　きってです。
3　ボールペンです。

問題9　あの人は、どなたですか。
1　しんごうです。
2　おとうとです。
3　せっけんです。

問題10　かんじのしゅくだいをしましたか。
1　いいえ、しゅくだいです。
2　はい、これです。
3　いいえ、書きません。

問題11　えいがは、すきですか。
1　はい、えいがです。
2　はい、きらいです。
3　はい、よく見ます。

問題12　さようなら。
1　では、また。
2　こんばんは。
3　いらっしゃいませ。

問題13　きょうは、さむいですよ。
1　じゃ、ピアノをひきます。
2　じゃ、コピーします。
3　じゃ、コートをきます。

問題１４　このえ、いいですね。
1　ええ、きれいですね。
2　ええ、はやいですね。
3　ええ、まずいですね。

問題１５　手をあらってください。
1　はい、まだです。
2　では、どうぞ。
3　はい、すぐに。

問題１６　うちでテレビを見ますか。
1　いいえ、あまり。
2　いいえ、たぶん。
3　いいえ、ときどき。

問題１７　どうもありがとうございました。
1　たいへんしつれいしました。
2　いえいえ、どういたしまして。
3　みなさん、ごめんなさい。

問題１８　へやがくらいですね。
1　じゃ、電気をつけましょう。
2　ええ、電気をつけましたから。
3　電気をつけるとおもいます。

問題１９　右と左、どちらの道でしょう。
　　　　　－ちずを見ましたか。
1　いいえ、こちらの道です。
2　見ましたが、わかりません。
3　白いたてものです。

問題２０　あ、ねこがいますよ。
　　　　　－え、どこですか。
1　もんの上です。
2　かわいいです。
3　くろいねこです。

問題２１　ドアをしめないでください。
　　　　　－どうしてですか。
1　かぜがつよいですから。
2　外がうるさいですから。
3　にもつを出しますから。

「＊」の部分は録音されていません。

例題
━━━━━━━━━━━━━━━━━━━━━━
女：すみません。あたまがいたいですから、
　　きょうはかえります。
男：わかりました。
━━━━━━━━━━━━━━━━━━━━━━
問題　女の人は、どうしてかえりますか。
＊1　みみがいたいですから
＊2　あたまがいたいですから
＊3　はがいたいですから

いちばんいいものは２です。
ですから、例のように２をマークします。

1　女の人と男の人の会話を聞いてください。
━━━━━━━━━━━━━━━━━━━━━━
女：はじめまして。ベルです。アメリカから来ました。
男：はじめまして。ルー・ミンです。中国から来ました。
女：ロビンさんですか。
男：いいえ、ルー・ミンです。ベルさん、東京は、はじめてですか。
女：ええ。はじめて来ました。
━━━━━━━━━━━━━━━━━━━━━━
問題２２　女の人は、どこから来ましたか。
＊1　アメリカです。
＊2　中国です。
＊3　東京です。

問題２３　男の人のなまえは、何ですか。
＊1　ベルです。
＊2　ルー・ミンです。
＊3　ロビンです。

2　男の人の話を聞いてください。

ーーーーーーーーーーーーーーーーーーーーーー

男：いつも、わたしは、日よう日の午前中にせんたく
　　とそうじをします。そして、午後、スーパーで買
　　いものをします。でも、きのうの日よう日は、午
　　後から雨がふりましたから、買いものに行きませ
　　んでした。今、うちに食べものがありませんから、
　　これから買いに行きます。

ーーーーーーーーーーーーーーーーーーーーーー

問題２４　男の人は、これから何をしますか。
＊１　せんたくします。
＊２　そうじします。
＊３　買いものします。

問題２５　話とあっているのは、どれですか。
＊１　きのうは、いちにち中いい天気でした。
＊２　きのう、男の人は、スーパーへ行きませんで
　　　した。
＊３　男の人はいつも、にちよう日のあさ、出かけま
　　　す。

3　女の人の話を聞いてください。

ーーーーーーーーーーーーーーーーーーーーーー

女：わたしは、毎月りょこうします。先月は、友だち
　　と山へ行きました。それから、川であそびました。
　　たのしかったです。来月は、父と母といっしょに
　　うみへ行きます。うみを見ながら、さんぽしたい
　　です。おいしいものも食べたいです。あねは、し
　　ごとがありますから、いっしょに行きません。で
　　も、そのつぎの月は、あねとりょこうします。

ーーーーーーーーーーーーーーーーーーーーーー

問題２６　女の人は、先月、だれとりょこうしました
　　　　　か。
＊１　友だちです。
＊２　おとうさんとおかあさんです。
＊３　おねえさんです。

問題２７　女の人は、来月、どこへ行きますか。
＊１　やまです。
＊２　かわです。
＊３　うみです。

4 会社で男の人と女の人が話しています。この会話を聞いてください。
――――――――――――――――――――
男：ワンさん、きょう、レストランでばんごはんを食べませんか。
女：きょうは、ちょっと…。しごとのあと、ケーキを買いに行って、はやくうちへかえります。母のたんじょうびですから。
男：そうですか。あしたは、どうですか。
女：あしたは、友だちと会いますから…。すみません。
男：わかりました。じゃ、またこんど。
――――――――――――――――――――
問題28　女の人は、こんばん何をしますか。
＊1　しごとをします。
＊2　ケーキを買います。
＊3　ケーキをつくります。

問題29　女の人は、あした何をしますか。
＊1　レストランへ行きます。
＊2　パーティーをします。
＊3　友だちに会います。

5 駅で女の人と男の人が話しています。この会話を聞いてください。
――――――――――――――――――――
女：すみません。スカイツリーは、どちらですか。
男：スカイツリーですか。とおいですよ。
女：この駅がちかいと聞きましたが。
男：ああ、それは、スカイタワーですよ。スカイタワーは、ここからあるいて10分くらいです。
女：そうですか。あの、わたしは、スカイツリーへ行きたいです。
男：ここからちかてつで20分くらいかかりますよ。おりる駅の名前は、駅の人に聞いてください。
女：わかりました。そうします。ありがとうございました。
――――――――――――――――――――
問題30　女の人は、どこへ行きたいと言っていますか。
＊1　ちかくの駅です。
＊2　スカイタワーです。
＊3　スカイツリーです。

問題31　女の人は、これからまず何をしますか。
＊1　駅の人に、おりる駅の名前を聞きます。
＊2　ちかくの駅まで10分くらいあるきます。
＊3　ちかてつにのります。

これで聞くテストをおわります。

第3回 J.TEST実用日本語検定（F-Gレベル）
正解とスクリプト

■ 読解問題　175点

《 文法・語彙問題 》 各3点（75点）			《 読解問題 》 各5点（50点）	《漢字問題》 各3点（30点）		《短文作成問題》 各4点（20点）
1）　2	11）　2	21）　3	26）　2	36）　2	41）　2	46）　3
2）　3	12）　3	22）　4	27）　4	37）　1	42）　6	47）　4
3）　1	13）　4	23）　3	28）　2	38）　2	43）　4	48）　2
4）　2	14）　2	24）　2	29）　3	39）　3	44）　3	49）　6
5）　3	15）　1	25）　1	30）　1	40）　4	45）　5	50）　5
6）　4	16）　2		31）　4			
7）　3	17）　3		32）　3			
8）　2	18）　4		33）　1			
9）　1	19）　4		34）　4			
10）　4	20）　1		35）　1			

■ 聴解問題　175点

《写真問題》 各5点（20点）	《聴読解問題》 各5点（15点）	《 応答問題 》 各5点（70点）	《 会話・説明問題 》 各7点（70点）
1）　4	5）　3	8）　3	22）　2
2）　2	6）　2	9）　1	23）　2
3）　3	7）　4	10）　2	24）　3
4）　1		11）　3	25）　1
		12）　2	26）　2
		13）　1	27）　3
		14）　2	28）　2
		15）　3	29）　1
		16）　1	30）　1
		17）　1	31）　3
		18）　3	
		19）　2	
		20）　3	
		21）　1	

写真問題

例題の写真を見てください。
例題　これは、何ですか。
1　コップです。
2　いすです。
3　ノートです。
4　えんぴつです。

いちばんいいものは1です。ですから、
例のように1をマークします。

Aの写真を見てください。
問題1　これは、何ですか。
1　たまごです。
2　ぼうしです。
3　山です。
4　つくえです。

Bの写真を見てください。
問題2　ここは、どこですか。
1　駅です。
2　やおやです。
3　ぎんこうです。
4　びょういんです。

Cの写真を見てください。
問題3　これで、何をしますか。
1　からだをあらいます。
2　じを書きます。
3　はをみがきます。
4　かぎをかけます。

Dの写真を見てください。
問題4　何をしていますか。
1　そうじしています。
2　さんぽしています。
3　あるいています。
4　かいものしています。

例題を見てください。
男の人と女の人が話しています。

問題　男の人のかばんは、どれですか。
ーーーーーーーーーーーーーーーーーーーー
男：わたしのかばんは、くろくて、大きいです。
女：これですか。
男：ええ、そうです。
ーーーーーーーーーーーーーーーーーーーー
問題　男の人のかばんは、どれですか。

いちばんいいものは4です。ですから、
例のように4をマークします。

Eを見てください。
女の人と男の人が話しています。

問題5　男の人は、いつ、りょこうに行きますか。
ーーーーーーーーーーーーーーーーーーーー
女：森さん、りょこうは何日からですか。
男：21日です。
女：月よう日ですか。
男：あ、まちがえました。日よう日です。
女：じゃ、はつかですね。
男：はい、そうです。
ーーーーーーーーーーーーーーーーーーーー
問題5　男の人は、いつ、りょこうに行きますか。

Fを見てください。
学校で女の人と男の人が話しています。

問題6　女の人は、どこへ行きますか。
ーーーーーーーーーーーーーーーーーーーー
女：あのう、そのノート、どこで売っていますか。
男：ちかくの店です。
女：どこにありますか。
男：学校のもんを出て、2つめのかどを左にまがって、
　　少し歩いてください。右にあります。
女：ありがとうございます。今から行きます。
ーーーーーーーーーーーーーーーーーーーー
問題6　女の人は、どこへ行きますか。

Gを見てください。
いえで男の人と女の人が話しています。

問題7　女の人は、何を飲みますか。
ーーーーーーーーーーーーーーーーーーーー
男：ユリさん、いっしょにおさけを飲みませんか。
女：おさけは、ちょっと。でも、透さんは、飲んでく
　　ださい。
男：じゃ、ジュースにしますか。
女：いいえ。あまくないのが、いいです。
男：じゃ、コーヒー？
女：ええ。あついのをおねがいします。
ーーーーーーーーーーーーーーーーーーーー
問題7　女の人は、何を飲みますか。

例題1　おはようございます。
1　おはようございます。
2　おやすみなさい。
3　さようなら。

例題2　おしごとは？
　　　　ーかいしゃいんです。
1　わたしもかいしゃいんじゃありません。
2　わたしもかいしゃいんです。
3　わたしもいしゃです。

いちばんいいものは、例題1は1、例題2は2です。
ですから、例題1は1を、例題2は2を例のように
マークします。

問題8　それは、だれのくつですか。
1　あかいです。
2　きょうしつです。
3　わたしのです。

問題9　今からどこへ行きますか。
1　デパートです。
2　タクシーです。
3　ニュースです。

問題10　あした、会社へ来ますか。
1　はい、やすみです。
2　はい、9時に。
3　いいえ、来ませんでした。

問題11　いぬがすきですか、ねこがすきですか。
1　はい、すきです。
2　いいえ、いぬです。
3　どちらもすきじゃありません。

問題12　これ、おいしいですよ。どうぞ。
1　では、また。
2　では、いただきます。
3　どういたしまして。

問題13　こうばんは、どこですか。
1　あのホテルのとなりです。
2　あのれいぞうこのとなりです。
3　アメリカのとなりです。

問題１４　あの人たち、こえが大きいですね。
1　ええ。ちょっとみじかいですね。
2　ええ。ちょっとうるさいですね。
3　ええ。ちょっとしずかですね。

問題１５　あ、エレベーターが来ましたよ。
1　じゃ、のるでしょう。
2　じゃ、のりましたか。
3　じゃ、のりましょう。

問題１６　鈴木さんは、テニスがすきですか。
1　ええ、よくします。
2　ええ、もっとします。
3　ええ、まだします。

問題１７　これからどうぞよろしく。
1　こちらこそ。
2　おやすみなさい。
3　しつれいしました。

問題１８　外に出ないでください。
1　すみません。いま出ます。
2　わかりました。外にいます。
3　はい。ここでまちます。

問題１９　きのう、りょうりしました。
　　　　　－何をつくりましたか。
1　レストランです。
2　カレーです。
3　やさいです。

問題２０　あ、とりがないています。
　　　　　－ええ。ちかくにいますね。
1　えっ、何がありますか。
2　はい。あれは、木です。
3　あ、あの木の上ですよ。

問題２１　おうちはどちらですか。
　　　　　－横浜です。
1　わたしもですよ。
2　わたしがですか。
3　わたしですよね。

会話・説明問題
「＊」の部分は録音されていません。

例題
——————————————————————
女：すみません。あたまがいたいですから、
　　　きょうはかえります。
男：わかりました。
——————————————————————
問題　女の人は、どうしてかえりますか。
＊1　みみがいたいですから
＊2　あたまがいたいですから
＊3　はがいたいですから

いちばんいいものは2です。
ですから、例のように2をマークします。

1　女の人と男の人の会話を聞いてください。
——————————————————————
女：スーさんは、あさ、何を食べますか。
男：パンとサラダです。ミンさんは？
女：りんごです。
男：りんごだけですか。
女：はい。ひる、たくさん食べますから。
——————————————————————
問題２２　男の人は、あさ、何を食べますか。
＊1　サラダだけです。
＊2　パンとサラダです。
＊3　パンとサラダとりんごです。

問題２３　女の人は、いつたくさん食べますか。
＊1　あさです。
＊2　ひるです。
＊3　あさとひるです。

2 ラジオで女の人が話しています。この話を聞いて
　　ください。
ーーーーーーーーーーーーーーーーーーーーー
女：さくら市では、ゆうべからつよい雨がふってい
　　ます。雨は、これからもふります。今、川の水
　　がとても多いですから、川のちかくへは行かな
　　いでください。バスも電車もけさからとまって
　　います。さくら市の学校もきょうは一日休みで
　　す。ごごから天気はよくなりますが、大雨のあ
　　との道は、あぶないです。みなさん、きょうは
　　いえにいてください。
ーーーーーーーーーーーーーーーーーーーーー
問題24　さくら市は、どんな天気ですか。
＊1　あさからいい天気です。
＊2　今はくもりで、これからあめがふります。
＊3　今、あめがふっています。

問題25　話とあっているのは、どれですか。
＊1　今、かわのちかくは、あぶないです。
＊2　今、さくら市の人は、学校にいます。
＊3　きょうは、あさからバスがはしっています。

3　男の人の話を聞いてください。
ーーーーーーーーーーーーーーーーーーーーー
男：わたしのいえは、花やです。国でいえのしごとを
　　てつだっていました。18さいのとき、さくらの花
　　のしゃしんを見て、日本へ行きたいとおもいまし
　　た。そして、21さいのとき、日本へ来ました。2
　　年間、きっさ店でアルバイトをしながら、日本語
　　学校にかよいました。きょねんから大学で花のべ
　　んきょうをしています。国へ帰ってから、かぞく
　　といっしょに花やを大きくしたいです。
ーーーーーーーーーーーーーーーーーーーーー
問題26　男の人は、いつ日本へ来ましたか。
＊1　18さいのときです。
＊2　21さいのときです。
＊3　きょねんです。

問題27　男の人は、国にかえってから何をしたいと
　　　　おもっていますか。
＊1　きっさてんのしごとです。
＊2　しゃしんをとるしごとです。
＊3　はなやのしごとです。

4　男の人と女の人が話しています。この会話を聞いてください。

————————————————————

男：よう子さん、日よう日、やきゅうを見に行きませんか。

女：うーん。やきゅうは、あまりすきじゃありません。つまらなくて。いつものカラオケの店に行きませんか。

男：いいですよ。何時に行きますか。

女：5時ごろにしましょうか。あ、でも、ゆうがたは人が多くて、入るとき、まちますね。

男：だいじょうぶです。今からわたしが店に電話して、よやくしますから。

女：いいですね。ありがとうございます。

————————————————————

問題28　男の人は、このあとまず、何をしますか。

＊1　やきゅうを見ます。

＊2　カラオケのみせに電話をします。

＊3　カラオケに行きます。

問題29　会話とあっているのは、どれですか。

＊1　女の人は、やきゅうはおもしろくないとおもっています。

＊2　男の人は、カラオケがきらいです。

＊3　カラオケのみせは、いつも人が多いです。

5　女の人と男の人が話しています。この会話を聞いてください。

————————————————————

女：トムさん、このあとどうしますか。わたしはとしょかんへ行きます。

男：ぼくは、プールへ行きます。きょうは、あついですから、およぎたいです。

女：えっ、どこにプールがありますか。

男：中央こうえんの中です。ふゆの間はスケートをするところでしたが、今月からプールになりました。

女：へえ、しりませんでした。

男：ミラさんは、としょかんで本を読みますか。

女：いいえ。ビデオを見ます。本は、かりて、いえで読みます。

男：としょかんにビデオがあるんですか。

女：ええ。いろいろな国のえいががありますよ。わたしは、ふるい日本のえいがを見ます。

————————————————————

問題30　男の人は、このあと、何をしますか。

＊1　プールでおよぎます。

＊2　スケートをします。

＊3　としょかんへ行きます。

問題31　女の人は、このあとまず、何をしますか。

＊1　ビデオを買います。

＊2　本を読みます。

＊3　えいがを見ます。

これで聞くテストをおわります。

第4回 J.TEST実用日本語検定（F-Gレベル）
正解とスクリプト

■ 読解問題　175点

《 文法・語彙問題 》 各3点（75点）			《 読解問題 》 各5点（50点）	《漢字問題》 各3点（30点）		《短文作成問題》 各4点（20点）
1) 2	11) 3	21) 4	26) 4	36) 4	41) 6	46) 3
2) 4	12) 1	22) 2	27) 2	37) 2	42) 1	47) 5
3) 1	13) 1	23) 2	28) 4	38) 1	43) 4	48) 4
4) 3	14) 4	24) 3	29) 2	39) 3	44) 2	49) 2
5) 2	15) 2	25) 1	30) 2	40) 1	45) 5	50) 6
6) 4	16) 4		31) 2			
7) 3	17) 1		32) 3			
8) 4	18) 2		33) 1			
9) 1	19) 3		34) 3			
10) 3	20) 2		35) 3			

■ 聴解問題　175点

《写真問題》 各5点（20点）	《聴読解問題》 各5点（15点）	《 応答問題 》 各5点（70点）	《 会話・説明問題 》 各7点（70点）
1) 4	5) 4	8) 2	22) 2
2) 2	6) 3	9) 1	23) 1
3) 3	7) 2	10) 3	24) 2
4) 1		11) 2	25) 1
		12) 3	26) 1
		13) 1	27) 3
		14) 2	28) 2
		15) 3	29) 3
		16) 1	30) 1
		17) 3	31) 3
		18) 2	
		19) 1	
		20) 3	
		21) 1	

写真問題

例題を見てください。
男の人と女の人が話しています。

例題の写真を見てください。
例題　これは、何ですか。
1　コップです。
2　いすです。
3　ノートです。
4　えんぴつです。

問題　男の人のかばんは、どれですか。
ーーーーーーーーーーーーーーーーーーーー
男：わたしのかばんは、くろくて、大きいです。
女：これですか。
男：ええ、そうです。
ーーーーーーーーーーーーーーーーーーーー
問題　男の人のかばんは、どれですか。

いちばんいいものは1です。ですから、
例のように1をマークします。

いちばんいいものは4です。ですから、
例のように4をマークします。

Aの写真を見てください。
問題1　これは、何ですか。
1　スプーンです。
2　ネクタイです。
3　パソコンです。
4　ハンカチです。

Eを見てください。
女の人と男の人が話しています。

問題5　男の人のしごとは、何時からですか。
ーーーーーーーーーーーーーーーーーーーー
女：鈴木さん、しごとは何時からですか。
男：7時半からです。
女：何時までですか。
男：2時半までです。
女：7時から2時半までですね。
男：いいえ、7時半から2時半までです。
ーーーーーーーーーーーーーーーーーーーー
問題5　男の人のしごとは、何時からですか。

Bの写真を見てください。
問題2　ここは、どこですか。
1　本やです。
2　えいがかんです。
3　きっさてんです。
4　ホテルです。

Cの写真を見てください。
問題3　これで何をしますか。
1　ふくをせんたくします。
2　ドアをあけます。
3　テレビをつけます。
4　くつをはきます。

Fを見てください。
男の人と女の人が話しています。

問題6　女の人は、何を読みますか。
ーーーーーーーーーーーーーーーーーーーー
男：それは、きょうの新聞ですか。
女：きのうのです。きょうのは、これです。
男：もう、読みましたか。
女：はい、どちらも。わたしは、これからこのざっし
　　を読みます。
男：りょうりのざっしですか。
女：いいえ、おんがくのです。
ーーーーーーーーーーーーーーーーーーーー
問題6　女の人は、何を読みますか。

Dの写真を見てください。
問題4　何をしていますか。
1　かおをあらっています。
2　ピアノをひいています。
3　はしっています。
4　ラジオをきいています。

Gを見てください。
ちかてつの駅の出口で女の人と男の人が話しています。

問題7　ふたりは何で行きますか。
ーーーーーーーーーーーーーーーーーーーーーーー
女：あれ、雨ですね。
男：ええ。こまりました。かさがありません。
女：じゃ、バスで行きましょうか。
男：バスをおりてから10分くらいあるきますよ。
女：じゃ、タクシーですか。
男：そうですね。そうしましょう。
ーーーーーーーーーーーーーーーーーーーーーーー
問題7　ふたりは何で行きますか。

例題1　おはようございます。
1　おはようございます。
2　おやすみなさい。
3　さようなら。

例題2　おしごとは？
　　　　ーかいしゃいんです。
1　わたしもかいしゃいんじゃありません。
2　わたしもかいしゃいんです。
3　わたしもいしゃです。

いちばんいいものは、例題1は1、例題2は2です。
ですから、例題1は1を、例題2は2を例のように
マークします。

問題8　それは、何の本ですか。
1　90ページです。
2　えいごのきょうかしょです。
3　おもしろいです。

問題9　かぎは、どこにありますか。
1　あそこです。
2　はい、そうです。
3　あさってです。

問題10　スポーツをしますか。
1　はい、おおぜいいます。
2　はい、おいしいです。
3　はい、サッカーをします。

問題11　あしたは、大学へ来ますか。
1　いいえ、来ませんでした。
2　いいえ、うちにいます。
3　いいえ、大学生じゃありません。

問題12　国へかえります。
1　こちらこそ。
2　ごちそうさま。
3　おげんきで。

問題13　いえのそうじは、おわりましたか。
1　かいだんがまだです。
2　ズボンがまだです。
3　こうばんがまだです。

問題１４　そのくだもの、どうでしたか。
1　ひくかったです。
2　にがかったです。
3　いそがしかったです。

問題１５　あしたの天気、わかりますか。
1　どうしたいですか。
2　そうしましょう。
3　はれでしょう。

問題１６　きょうは、何もすることがありませんね。
1　ええ。ゆっくりしましょう。
2　ええ。もっとしましょう。
3　ええ。すこししましょう。

問題１７　わたしは、もうねます。
1　こんばんは。
2　いただきます。
3　おやすみなさい。

問題１８　どのしゃしんがいいですか。
1　これがいいと言います。
2　これがいいとおもいます。
3　これがいいからです。

問題１９　あのたてものは、何ですか。
　　　　　ー新しいパンやです。
1　はじめて見ました。
2　よくパンを買いました。
3　まずかったです。

問題２０　みんなでうみへ行きました。
　　　　　ーうみでおよぎましたか。
1　はい。でかけませんでした。
2　はい。はやく行きたいです。
3　はい。たのしかったです。

問題２１　ひこうきがとんでいます。
　　　　　ーえ、ひこうきですか。
1　ええ。あのビルのうえです。
2　ええ。だいどころです。
3　ええ。ゆうびんきょくのとなりです。

例題
ーーーーーーーーーーーーーーーーーーーー
女：すみません。あたまがいたいですから、
　　きょうはかえります。
男：わかりました。
ーーーーーーーーーーーーーーーーーーーー
問題　女の人は、どうしてかえりますか。
＊1　みみがいたいですから
＊2　あたまがいたいですから
＊3　はがいたいですから

いちばんいいものは２です。
ですから、例のように２をマークします。

1　店で女の人と男の人が話しています。この会話を
　　聞いてください。
ーーーーーーーーーーーーーーーーーーーー
女：このあかいぼうしをください。
男：ありがとうございます。
女：あのう、あおいのもありますか。
男：すみません。あかときいろだけです。
女：うーん。じゃ、これ、ひとつにします。
ーーーーーーーーーーーーーーーーーーーー
問題２２　店に何いろのぼうしがありますか。
＊1　あおとあかです。
＊2　あかときいろです。
＊3　きいろとあおです。

問題２３　女の人は、何いろのぼうしを買いますか。
＊1　あかです。
＊2　あおです。
＊3　きいろです。

2　男の人の話を聞いてください。

ーーーーーーーーーーーーーーーーーーーー

男：わたしは、オーストラリア人です。5年まえに日
　　本人とけっこんしました。つまは、かんごしです。
　　けっこんしてすぐに日本語のべんきょうをはじめ
　　ました。それから毎日べんきょうしています。と
　　きどき、つまが先生になります。きょねん、つま
　　といっしょに日本へ来ました。日本に来るまえ、
　　国のぎんこうで10年間はたらいていましたが、今
　　は、はたらいていません。

ーーーーーーーーーーーーーーーーーーーー

問題24　男の人は、どのくらい日本語をべんきょう
　　　　　しましたか。
＊1　1年です。
＊2　5年です。
＊3　10年です。

問題25　男の人は、国で何をしていましたか。
＊1　ぎんこういんです。
＊2　きょうしです。
＊3　かんごしです。

3　女の人の話を聞いてください。

ーーーーーーーーーーーーーーーーーーーー

女：わたしのいえのちかくに、こうえんがあります。
　　大きないけがあって、いつもきれいな花がさいて
　　います。わたしは、よくそこへ行って、しゃしん
　　をとります。わたしは、おととしのはるまでアメ
　　リカにいました。先月、アメリカの友だちがあそ
　　びに来ました。2人でこうえんをさんぽして、い
　　けにいるとりを見ました。アメリカにいないとり
　　でした。

ーーーーーーーーーーーーーーーーーーーー

問題26　女の人は、こうえんでよく何をしますか。
＊1　しゃしんをとります。
＊2　さんぽします。
＊3　魚を見ます。

問題27　女の人は、いつまでアメリカにすんでいま
　　　　　したか。
＊1　1か月まえです。
＊2　1年まえです。
＊3　2年まえです。

4　道で女の人と男の人が話しています。この会話を
　　聞いてください。
ーーーーーーーーーーーーーーーーーーーーーー
女：ねえ、ヤンさん。あのドーナツやに行きませんか。
男：ドーナツ？
女：あ、ドーナツ、わかりませんか。まるくて、あま
　　いおかしです。
男：そうですか。そこは、飲みものもありますか。
女：ええ、ありますよ。
男：いいですね。じゃ、わたしは、ジュースを飲みま
　　す。ドーナツは、いりません。
女：わかりました。わたしは、ドーナツとコーヒーを
　　たのみます。
ーーーーーーーーーーーーーーーーーーーーーー
問題２８　男の人は、このあとドーナツやで何をしま
　　　　　すか。
＊１　ドーナツを食べます。
＊２　ジュースを飲みます。
＊３　コーヒーを飲みます。

問題２９　女の人は、このあとドーナツやで何をたの
　　　　　みますか。
＊１　ドーナツとジュースです。
＊２　ジュースとコーヒーです。
＊３　ドーナツとコーヒーです。

5　コンビニで男の人と女の人が話しています。この
　　会話を聞いてください。
ーーーーーーーーーーーーーーーーーーーーーー
男：いらっしゃいませ。
女：あれ？　クマルさん！
男：あ、リンさん。わたしは先週からここでアルバイ
　　トをしています。
女：そうですか。コンビニのしごと、むずかしくあり
　　ませんか。
男：そうですね。ときどき、ことばがわかりません。
　　わたしたちのクラスで勉強する日本語とちがいま
　　すから。
女：わたしもコンビニのアルバイト、やりたいです。
　　わたしもできるでしょうか。
男：あ、リンさん。今、しごとの時間ですから…。
女：あ、ごめんなさい。じゃ、また学校で。
ーーーーーーーーーーーーーーーーーーーーーー
問題３０　男の人は、このあとまず何をしますか。
＊１　コンビニのしごとをします。
＊２　リンさんのしつもんにこたえます。
＊３　学校へ行きます。

問題３１　ふたりについて、会話とあっているのはど
　　　　　れですか。
＊１　コンビニで買いものをしました。
＊２　いっしょにアルバイトをしています。
＊３　おなじ学校でべんきょうしています。

これで聞くテストをおわります。

第5回 J.TEST実用日本語検定（F-Gレベル）
正解とスクリプト

■ 読解問題　175点

《 文法・語彙問題 》 各3点（75点）			《 読解問題 》 各5点（50点）	《漢字問題》 各3点（30点）		《短文作成問題》 各4点（20点）
1) 4	11) 3	21) 1	26) 2	36) 2	41) 1	46) 4
2) 3	12) 1	22) 4	27) 3	37) 3	42) 5	47) 6
3) 1	13) 2	23) 2	28) 4	38) 4	43) 3	48) 5
4) 4	14) 1	24) 4	29) 1	39) 1	44) 6	49) 3
5) 2	15) 3	25) 3	30) 4	40) 3	45) 2	50) 2
6) 3	16) 4		31) 2			
7) 2	17) 3		32) 3			
8) 2	18) 1		33) 1			
9) 4	19) 4		34) 1			
10) 1	20) 2		35) 4			

■ 聴解問題　175点

《写真問題》 各5点（20点）	《聴読解問題》 各5点（15点）	《 応答問題 》 各5点（70点）	《 会話・説明問題 》 各7点（70点）
1) 3	5) 1	8) 2	22) 2
2) 1	6) 4	9) 3	23) 3
3) 2	7) 2	10) 1	24) 1
4) 4		11) 3	25) 3
		12) 2	26) 1
		13) 1	27) 2
		14) 2	28) 2
		15) 1	29) 1
		16) 3	30) 2
		17) 2	31) 3
		18) 3	
		19) 2	
		20) 3	
		21) 1	

写真問題

例題の写真を見てください。
例題　これは、何ですか。
1　コップです。
2　いすです。
3　ノートです。
4　えんぴつです。

いちばんいいものは１です。ですから、
例のように１をマークします。

Aの写真を見てください。
問題1　これは、何ですか。
1　ボールペンです。
2　カレンダーです。
3　きってです。
4　さいふです。

Bの写真を見てください。
問題2　ここは、どこですか。
1　しょくどうです。
2　やおやです。
3　ゆうびんきょくです。
4　としょかんです。

Cの写真を見てください。
問題3　これで何をしますか。
1　べんきょうします。
2　せんたくします。
3　てがみを書きます。
4　おんがくを聞きます。

Dの写真を見てください。
問題4　何をしていますか。
1　セーターをぬいでいます。
2　シャワーをあびています。
3　シャツをあらっています。
4　はをみがいています。

聴読解問題

例題を見てください。
男の人と女の人が話しています。

問題　男の人のかばんは、どれですか。
－－－－－－－－－－－－－－－－－－－－－－
男：わたしのかばんは、くろくて、大きいです。
女：これですか。
男：ええ、そうです。
－－－－－－－－－－－－－－－－－－－－－－
問題　男の人のかばんは、どれですか。

いちばんいいものは４です。ですから、
例のように４をマークします。

Ｅを見てください。
女の人と男の人が話しています。

問題5　つくえは、いくつありますか。
－－－－－－－－－－－－－－－－－－－－－－
女：そのへやに、つくえがありますか。
男：はい、３つあります。
女：6つですか。
男：いいえ、３つです。
－－－－－－－－－－－－－－－－－－－－－－
問題5　つくえは、いくつありますか。

Ｆを見てください。
男の人と女の人が話しています。

問題6　女の人は、男の人に何をわたしますか。
－－－－－－－－－－－－－－－－－－－－－－
男：あのう、あれをとってください。
女：えっ、何ですか。はしですか。
男：いいえ。
女：あっ、フォークですか。
男：それは、あります。にくをきりますから…。
女：あ、わかりました。これですね。
－－－－－－－－－－－－－－－－－－－－－－
問題6　女の人は、男の人に何をわたしますか。

Gを見てください。
女の人と男の人が話しています。

問題7　女の人は、どの電車にのりますか。
ーーーーーーーーーーーーーーーーーー
女：きょうは、びょういんへ行きます。
男：そうですか。びょういんは、どこにありますか。
女：さつき駅です。10時すこし前に行きたいです。
男：じゃ、すみれ駅からこの電車ですね。まだ時間、
　　ありますよ。
女：いいえ。びょういんは、さつき駅からあるいて5
　　分ですから…。
男：じゃ、ひとつ前のこれですね。
女：ええ。すぐ駅へ行きます。
ーーーーーーーーーーーーーーーーーー
問題7　女の人は、どの電車にのりますか。

応答問題

例題1　おはようございます。
1　おはようございます。
2　おやすみなさい。
3　さようなら。

例題2　おしごとは？
　　　　　ーかいしゃいんです。
1　わたしもかいしゃいんじゃありません。
2　わたしもかいしゃいんです。
3　わたしもいしゃです。

いちばんいいものは、例題1は1、例題2は2です。
ですから、例題1は1を、例題2は2を例のように
マークします。

問題8　つぎのテストは何日ですか。
1　テストです。
2　15日です。
3　毎月あります。

問題9　どちらのおかしがいいですか。
1　それは、おかしです。
2　おかしがいいです。
3　これがいいです。

問題10　よく、りょこうしますか。
1　はい、よくします。
2　いいえ、よくないです。
3　はい、しゃしんを見ます。

問題11　まどをしめましたか。
1　はい。ドアをしめました。
2　いいえ。もうしめました。
3　いいえ。今、しめます。

問題12　たんじょう日、おめでとう！
1　ごめんなさい。
2　ありがとう。
3　おげんきで。

問題13　うみへ行きましたか。
1　ええ。およぎましたよ。
2　ええ。でんわをかけましたよ。
3　ええ。あるいてのぼりましたよ。

問題１４　このりょうり、どうですか。
1　すこしさむいですね。
2　すこしあまいですね。
3　すこしおそいですね。

問題１５　あの人をしっていますか。
1　いいえ、しりません。
2　え？　わたしがわかりませんか。
3　はい、よくしっていましたね。

問題１６　コーヒーは、すきですか。
1　ええ、もっと。
2　ええ、おおぜい。
3　いいえ、あまり。

問題１７　そこに入らないでください。
1　はい。しつれいします。
2　あっ、すみません。
3　いいえ、こちらこそ。

問題１８　今から出かけませんか。
1　ええ。そうしません。
2　ええ。そうしてください。
3　ええ。そうしましょう。

問題１９　いい天気ですね。
　　　　　　　ーええ。でも、あしたは、雨ですよ。
1　えっ、あしたもですか。
2　えっ、ほんとうですか。
3　えっ、もう、ふりましたか。

問題２０　このえいが、いいですね。
　　　　　　　ーそうですか。わたしは、つまらないとお
　　　　　　　　もいますが。
1　いえいえ、つまらないですよ。
2　いえいえ、いいところがないですよ。
3　いえいえ、おもしろいですよ。

問題２１　じしょは、どこですか。
　　　　　　　ー本だなです。
1　そこは、見ましたが、ありませんよ。
2　本だなじゃありません。じしょです。
3　えっ、いつ行きましたか。

会話・説明問題
「＊」の部分は録音されていません。

例題
ーーーーーーーーーーーーーーーーーーーーーーーー
女：すみません。あたまがいたいですから、
　　　きょうはかえります。
男：わかりました。
ーーーーーーーーーーーーーーーーーーーーーーーー
問題　女の人は、どうしてかえりますか。
＊1　みみがいたいですから
＊2　あたまがいたいですから
＊3　はがいたいですから

いちばんいいものは２です。
ですから、例のように２をマークします。

1　レストランで女の人と店の人が話しています。こ
　　の会話を聞いてください。
ーーーーーーーーーーーーーーーーーーーーーーーー
女：あのう、カレーとジュースをください。
男：はい。ジュースは、カレーといっしょがいいです
　　か。
女：いいえ、カレーのあとでお願いします。
男：ほかにデザートはどうでしょうか。
女：じゃ、ジュースといっしょにアイスクリームをお
　　願いします。
ーーーーーーーーーーーーーーーーーーーーーーーー
問題２２　女の人は、まず何をしますか。
＊1　ジュースを飲みます。
＊2　カレーを食べます。
＊3　アイスクリームを食べます。

問題２３　会話とあっているのは、どれですか。
＊1　ジュースとカレーは、いっしょに来ます。
＊2　カレーとアイスクリームは、いっしょに来ます。
＊3　アイスクリームとジュースは、いっしょに来ま
　　す。

2　バスの中で女の人が話しています。この話を聞いてください。

────────────────────────────

女：みなさん、今、バスがとまりました。これから休みます。みなさんは、一度外へ出てください。外には、小さい店とトイレがあります。店には、飲みものがありますが、食べものはありません。今、3時です。バスは、3時半に出ます。東京駅までとまりませんから、今、トイレへ行ってください。

────────────────────────────

問題24　バスの中の人は、このあと、何をしますか。
＊1　トイレへ行きます。
＊2　東京えきまであるきます。
＊3　おべんとうを買います。

問題25　バスは、このあとどのくらい、ここにとまりますか。
＊1　10分です。
＊2　20分です。
＊3　30分です。

3　男の人の話を聞いてください。

────────────────────────────

男：わたしは、インドネシア人です。わたしの国は、ゆきがふりません。でも、テレビでゆきを見て、ほんとうのゆきが見たいとおもいました。3年まえのふゆ、はじめて北海道へりょこうに行きました。ゆきを見て、きれいだと思いました。そのあとは国にいますが、また北海道へ行きたいです。

────────────────────────────

問題26　男の人は、何回、北海道へ行きましたか。
＊1　1回です。
＊2　2回です。
＊3　3回です。

問題27　男の人について、話とあっているのは、どれですか。
＊1　じぶんの国で、ゆきを見ました。
＊2　今、インドネシアにいます。
＊3　日本に3ねんかんすんでいます。

4　男の人と女の人が話しています。この会話を聞い
　　てください。
────────────────────────
男：すみません。こうばんは、どこですか。
女：まっすぐ行って、つぎのしんごうを左です。
男：あのコンビニのかどをまがりますか。
女：ええ。そこを左へ行きます。本やのとなりです。
男：わかりました。ありがとうございます。
────────────────────────
問題２８　男の人は、どこへ行きますか。
＊１　コンビニです。
＊２　こうばんです。
＊３　本やです。

問題２９　男の人は、このあとまず、何をしますか。
＊１　まっすぐ行きます。
＊２　ひだりにまがります。
＊３　こうさてんをわたります。

5　男の人と女の人が話しています。この会話を聞い
　　てください。
────────────────────────
男：カリンさんは、スポーツがすきですか。
女：ええ。よくテレビでサッカーを見ます。
男：テニスは、どうですか。
女：見ますよ。でも、じぶんでは、しません。レオさ
　　んは、何かしますか。
男：そうですね。サッカーもテニスも、ひとりではで
　　きませんから、しません。でも、ジョギングはし
　　ますよ。
女：へえ、ジョギングですか。
男：ええ。休みの日にこうえんへ行ってはしります。
　　それから、ふゆは、山へスキーに行きます。
────────────────────────
問題３０　女の人について、会話とあっているのは、
　　　　　どれですか。
＊１　スポーツがきらいです。
＊２　テレビでテニスを見ます。
＊３　サッカーがじょうずです。

問題３１　男の人について、会話とあっているのは、
　　　　　どれですか。
＊１　テニスがすきじゃありません。
＊２　こうえんでサッカーをします。
＊３　スキーができます。

これで聞くテストをおわります。